甘肅簡牘 第二輯

甘肅簡牘博物館 ◎ 編

西南交通大學出版社
·成都·

圖書在版編目（ＣＩＰ）數據

甘肅簡牘. 第二輯 / 甘肅簡牘博物館編. —成都：西南交通大學出版社，2022.8
ISBN 978-7-5643-8855-3

Ⅰ. ①甘… Ⅱ. ①甘… Ⅲ. ①簡（考古）—古文獻學—研究—甘肅②帛書—古文獻學—研究—甘肅　Ⅳ. ①G256.1

中國版本圖書館 CIP 數據核字（2022）第 151478 號

Gansu Jiandu （Di-er Ji）

甘肅簡牘（第二輯）

甘肅簡牘博物館　編

責 任 編 輯	李　欣
封 面 設 計	原謀書裝
出 版 發 行	西南交通大學出版社
	（四川省成都市金牛區二環路北一段 111 號
	西南交通大學創新大廈 21 樓）
發 行 部 電 話	028-87600564　028-87600533
郵 政 編 碼	610031
網　　　址	http://www.xnjdcbs.com
印　　　刷	成都蜀通印務有限責任公司
成 品 尺 寸	185 mm × 260 mm
印　　　張	10.25
字　　　數	209 千
版　　　次	2022 年 8 月第 1 版
印　　　次	2022 年 8 月第 1 次
書　　　號	ISBN 978-7-5643-8855-3
定　　　價	48.00 元

圖書如有印裝品質問題　本社負責退換
版權所有　盜版必究　舉報電話：028-87600562

編 輯 委 員 會

主辦單位 甘肅簡牘博物館 西北師範大學文學院

學術顧問 張德芳 鄭炳林 葛承雍

編輯委員會主任 朱建軍 楊 眉 徐 睿

主 編 朱建軍

副主編 洪 帥

編輯委員（排名不分先後）

　　　　　張德芳 鄭炳林 葛承雍 朱建軍 馬世年
　　　　　洪 帥 楊富學 李迎春 孫占宇 楊 眉
　　　　　徐 睿 肖從禮 韓 華 常燕娜 高倩如

執行編輯 馬翕嫻 李 燕

刊首語

　　《甘肅簡牘》第二輯由甘肅簡牘博物館和西北師范大學文學院主辦，本輯中刊載的論文以 2021 年 8 月 7—8 日在甘肅省蘭州市舉辦的"首屆簡牘學與出土文獻語言文字研究學術研討會"參會代表所提交論文爲主。

　　本次會議由中國社會科學院語言研究所歷史語言學研究一室、中國人民大學吳玉章中國語言文字研究所、人大復印報刊資料《語言文字學》編輯部、甘肅簡牘博物館和西北師範大學文學院共同舉辦，西北師範大學文學院承辦。此次會議主要以出土文獻和簡牘爲主要研究內容，大會發言和提交論文主要圍繞語言文字研究展開，涉及簡牘文獻、甲骨金文和敦煌文書等材料。其中又以簡牘學語言文字方面的論文爲主，計 26 篇。在本輯中收錄有本次會議的主要籌備人西北師范大學文學院洪帥副教授爲"首屆簡牘學與出土文獻語言文字研究學術研討會"撰寫的會議綜述。有關此次會議的組織籌備、會議議程、研討主題等情況在這篇綜述中都有詳實的介紹，此不贅。

　　因受新冠肺炎疫情的影響，本次會議采用綫上與綫下相結合的形式進行，主會場設在甘肅蘭州西北師範大學。甘肅簡牘博物館是此次會議的主辦方之一，在會議籌備階段協助會務組開展工作。需特別强調的是，研討會的前期籌備和如期召開離不開西北師大文學院爲主的會務組的辛苦付出和不輕言放棄的堅持。

　　此次研討會是一次簡牘學與出土文獻語言文字領域的高水準學術交流。會後甘肅簡牘博物館與西北師大文學院協商，達成由甘肅簡牘博物館和西北師大文學院共同負責此次研討會的論文徵稿和出版工作。所徵集的會議論文統一刊發於《甘肅簡牘》第二輯。

洪帥副教授在會後主動承擔了論文徵稿和整理工作。此次徵稿得到了全國各地大專院校和科研機構專家學者的積極回應，前後共收到 19 篇高品質論文。這既是諸位專家學者對本次會議的大力支持，也是對《甘肅簡牘》的信任和鼓勵。我們有責任做好論文的整理和校改工作，確保《甘肅簡牘》第二輯如期出版。

　　在《甘肅簡牘》第二輯的編校過程中，西北師範大學文學院馬世年院長，甘肅簡牘博物館朱建軍館長對《甘肅簡牘》第二輯出版工作提出了指導性建議，西南交通大學出版社黃慶斌分社社長統籌協調，爲是書的如期出版提供了保障。需指出的是，是書的出版離不開西北師范大學文學院洪帥副教授、甘肅簡牘博物館諸多同事和李欣編輯等人的共同努力。在此期間，大家同心協力，充分溝通，克服了疫情反復的不利因素。借助現代發達的網絡通訊服務和資訊技術，沒有因疫情而停滯工作進度，保證了《甘肅簡牘》第二輯的順利徵稿、編輯和按期出版。

編者謹記

2022 年 8 月

目録

簡牘學研究

《懸泉漢簡（壹）》詞語考釋與校補 ……………… 洪　帥　003

出土文書整理與研究再發力（三）
——土垠遺址出土簡牘釋文校釋 ……………… 張俊民　013

從屯戍簡牘看"印""章"的印章義相關引申義 …… 魏德勝　022

秦漢算術書中的四則運算淺見 …………………… 譚競男　027

安大簡《詩經》札記兩則 ………………………… 史大豐　034

說《武王踐阼》的"枳"及枳銘 ………………… 連佳鵬　042

懸泉漢簡"建始元年督郵史光"文疏證 …… 高倩如　肖從禮　050

簡帛醫書所見"段"考論 …………………… 張顯成　杜　鋒　055

從"意微"的釋讀看簡帛文獻詞彙的訓釋 ……… 龍國富　062

明清大型字書義訓失誤考証 ……………………… 熊加全　071

秦漢簡牘所見姓氏異寫及演變問題討論 ………… 李世持　078

論里耶秦簡"續食文書"即秦代傳信 …………… 郭偉濤　087

説"肥突突" ………………………………… 張生漢 102
天水放馬灘秦簡《日書》"朐濡"考辨 ………… 方　勇 108
讀《懸泉漢簡（壹）（貳）》釋文札記六則 ……… 肖從禮 113
敦煌變文疑難詞語考釋八則 ………………… 楊小平 117

金石碑刻

漢石刻文字零識 ……………………………… 單育辰 125
西周時期"朋友""友"詞義及其政治職能研究 … 買夢瀟 129
遼寧朝陽遼代楊公墓志考 ……………… 馬文濤　劉　超 140

會議綜述

簡牘學與出土文獻研究迎來新階段
　——首屆簡牘學與出土文獻語言文字研究學術研討會會議紀要
……………………………………………… 洪　帥 151

01 簡牘學研究

《懸泉漢簡（壹）》詞語考釋與校補

洪 帥[①]

【摘要】首先考釋《懸泉漢簡（壹）》中"盡"和"殺人賊"的詞義。其次從干支補缺、乘法口訣補缺、年號補缺及根據上下文補缺五個方面對《懸泉漢簡（壹）》中的釋文做了校補。

【關鍵詞】懸泉漢簡（壹）；盡；干支；乘法口訣；年號；補缺

1987年，敦煌市博物館發現了懸泉置遺址。1990到1992年，甘肅省文物考古研究所對懸泉置遺址做了發掘，共出土文物70 000餘件，其中有簡牘35 000餘枚，有字者23 000餘枚。[②]胡平生、張德芳《敦煌懸泉漢簡釋粹》（2001）共收録懸泉漢簡272號，郝樹聲、張德芳《懸泉漢簡研究》（2009）收録606枚簡。2019年，甘肅簡牘博物館等整理出版《懸泉漢簡（壹）》，采用彩圖版和紅外綫圖版印行，圖片清晰，便於利用，共收録懸泉漢簡2206號，因綴合31枚，實收2 175枚簡。

不過《懸泉漢簡（壹）》的釋文僅僅是一對一的文字，没有標點，還有一些缺字也没有補出來。張顯成《簡帛文獻學通論》（2004：452）指出："出土簡帛，因爲往往有殘損，故對內中的殘損文字也需要予以説明，能夠補充出來的，釋文最好要盡可能補充出來。"本文不揣淺陋，除對其中的個別詞語做考釋外，還從干支、乘法口訣、年號及上下文五個方面對《懸泉漢簡（壹）》中的釋文做了校補。

一、詞語考釋

1. 盡：到

《懸泉漢簡（壹）》的"盡"有"到"義。該義《漢語大字典》《漢語大詞典》等辭書皆未載，今發之。

（1）縣泉置河平三年，四月盡六月，茭出入簿　Ⅰ90DXT0110②：8

---

* 本文是國家社會科學基金一般項目"新刊布敦煌漢簡詞彙研究與語料庫建設"（20BYY139）和甘肅省社科規劃項目"基於語料庫的懸泉漢簡詞彙研究"（20YB031）階段成果。
① 洪帥：西北師範大學文學院副教授，碩士生導師。主要從事漢語詞彙史的教學和科研工作。
② 甘肅省文物考古研究所編：《甘肅敦煌漢代懸泉置遺址發掘簡報》，《文物》，2000年第5期。

（2）縣泉置元康四年，十月盡十二月丁卯，雞出入簿　ⅠDXT0112③：126

（3）縣泉置元康四年，正月盡十二月丁卯，雞出入簿　ⅠDXT0112③：130①

（4）入官大奴一人受使奴轉效穀，七月壬戌盡九月辛卯，八十九日，積八十九人　ⅠDXT0112②：9

（5）餘戍卒四人，十月丁未盡十二月乙亥，八十九日，積三百五十六人　ⅠDXT0112③：50

（6）建平四年，正月盡六月，司御逋十五人　ⅠDXT0116②：141

这裏的"盡"是"到"义。这个意思多用于各种賬簿中，如例（1）的"茭出入簿"，例（2）的"雞出入簿"等。格式爲"A月盡B月"，这裏A月、B月都是包括在内的，不是通常的"完"义，是A月到B月义。張顯成《簡帛文獻學通論》（2004：410）提到季度報告、半年報告和年度報告。懸泉漢簡中也有各種報告，如例（1）是河平三年（前26）到六月的茭出入簿，这是茭的季度出入簿。例（2）是元康四年（前62）十月到十二月的雞出入簿，这是季度報告。例（3）是元康四年（前62）雞出入簿的年度報告。例（4）（5）也是季度報告，懸泉漢簡中的月份通常是30天和29天交替，所以每个季度都是89天。例（4）壬戌到辛卯，例（5）丁未到乙亥也正好是89天。例（6）是建平四年（前3）上半年的司御報告。又居延新簡EPT51：211："第十七隊，七月癸酉卒張垣迹，盡丁亥，積十五日。七月戊子卒吳信迹，盡壬寅，積十五日。七月癸酉卒郭昌省茭。・凡迹積卅日，毋人馬蘭越塞天田出入迹。"②地灣漢簡86EDHT：16："令史鱋得安定里丁延年，本始五年二月乙卯除未得。地節二年十月盡十二月，積三月奉。"③又86EDT5H：63"五年十月盡居聑元年七月積十月奉用泉六千"④，86EDT5H：29有"七月乙未盡十二月積五月"句，其中的"盡"也是到的意思。肩水金關漢簡73EJT37：142"建平四年正月家屬出入盡十二月符，□年十三，常年五歲，用馬二匹"⑤，中"盡"同义，这是一个家屬年度出入符，有效期是漢哀帝建平四年（前3）正月到十二月，還寫了两个家屬的名字，一个十三歲，一个五歲。

汪維輝在《〈齊民要術〉詞彙語法研究》下編《〈齊民要術〉新詞新義詞典》下收有"盡"條："直至。用在時間詞前，表示直到此時的全部時間。崔寔："三月，可種粳稻。稻，美田欲稀，薄田欲稠。五月，可別稻及藍，～夏至後二十日止。（二，水稻，142）"⑥汪維輝收錄新詞的標準是"晚漢魏晋南北朝時期新産生

---

① 該簡與ⅠDXT0112③：126簡完全相同，字迹也完全相同。
② 李迎春：《居延新簡集釋（三）》，蘭州：甘肅文化出版社，2016年，第245頁。
③ 甘肅簡牘博物館等編：《地灣漢簡》，上海：中西書局，2017年，第152頁。
④ 甘肅簡牘博物館等編：《地灣漢簡》，第174頁。
⑤ 甘肅簡牘博物館等編：《肩水金關漢簡（肆）》中册，上海：中西書局，2015年，第52頁。
⑥ 汪維輝：《〈齊民要術〉詞彙語法研究》，上海：上海教育出版社，2007年，第234頁。

的詞語和義項"，從上引懸泉漢簡及其他漢簡中可見，"盡"的"到"義在西漢就已經產生了。當然這個義項還可以繼續往前追溯，其實在秦簡中就產生了。如睡虎地 11 號秦墓竹簡《秦律十八種·金布律》："都官輸大內，【大】內受賈（賣）之，盡七月而觱（畢）。"①又"受（授）衣者，夏衣以四月盡六月稟之，冬衣以九月盡十一月稟之，過時者勿稟。90"②

2. 殺人賊

（7）永始二年三月丙戌朔庚寅，淥官長崇守丞延移過所遣佐王武逐殺人賊朱順敦煌郡中，當舍傳舍，從者如律令。　　Ⅰ90DXT0110①：5A

按：殺人賊即現在所謂的"殺人犯"。肩水金關漢簡中也有記載，如 73EJT37：722"逐殺人賊賈賀酒泉張掖武威郡中，當舍傳舍，從者如律令。/兼掾豐守令史□☑"（P108），③73EJT37：981"追殺人賊□賀酒泉張掖武威郡中，當舍傳舍，從者如律令"（P153）。④該詞《漢語大詞典》未載。傳世文獻中"殺人賊"最早見於唐代及晚唐五代。如《唐律疏議》卷二十四《鬥訟》三六〇《強盜殺人不告主司》："諸強盜及殺人賊發，被害之家及同伍即告其主司。"⑤《舊五代史》卷四七《唐書·末帝紀中》："鄴都殺人賊陳延嗣并母、妹、妻等并棄市。"⑥又卷八〇《晉書·高祖紀》："應天福六年八月十五日昧爽已前，諸色罪犯，常赦所不原者，咸赦除之；其持仗行劫及殺人賊，并免罪移鄉，配逐處軍都收管。"⑦這裏的"殺人賊"也是前面"罪犯"的一種，故"殺人賊"就是"殺人犯"。懸泉漢簡"殺人賊"的辭例可補傳世文獻的不足。

二、干支補缺

懸泉漢簡中用干支記日，根據六十一甲子的干支順序，可以用來校補其中的缺字。懸泉漢簡中月份多是小月和大月交替，小月 29 日，大月 30 日。如：

（8）　　　　戊　丁　丁　丙　丙

廿二日

　　　　　　子　巳　亥　辰　戌　　Ⅰ90DXT0114③：127

---

① 陳偉主編：《秦簡牘合集（壹、貳）》釋文修訂本，武漢：武漢大學出版社，2016 年，第 93 頁。
② 陳偉主編：《秦簡牘合集（壹、貳）》釋文修訂本，第 95 頁。
③ 甘肅簡牘博物館等編：《肩水金關漢簡（肆）》中冊，第 108 頁。
④ 甘肅簡牘博物館等編：《肩水金關漢簡（肆）》中冊，第 153 頁。
⑤ 劉俊文：《唐律疏議箋解》卷二四《鬥訟》，北京：中華書局，1996 年，第 1677 頁。
⑥〔宋〕薛居正等撰，中華書局編輯部點校：《舊五代史》卷四七《唐書二十三·末帝紀中》，北京：中華書局，1976 年，第 652 頁。
⑦〔宋〕薛居正等撰，中華書局編輯部點校：《舊五代史》卷八〇《晉書六·高祖紀第六》，北京：中華書局，1976 年，第 1052 頁。

（9）　　　己　己　戊　戊
　　十六日
　　　　　巳　亥　辰　戌（陰刻横綫） I 90DXT0111①：3
（10）乙　甲　甲　癸　癸　壬
　　　巳　戌　辰　酉　卯　申（陰刻横綫） I 90DXT0110②：46
（11）己　　　己　戊　戊　丁　丁
　　　巳反支亥　辰　戌　卯　酉（陰刻横綫） I 90DXT0110①：88
（12）　　甲　癸　癸　壬　壬　壬　辛
　　十八日反　反　反
　　　　　申　丑　未　子　午　子　巳 I 90DXT0111②：47

例（8）中戊子到丁巳 29 日，丁巳到丁亥 30 日，丁亥到丙辰 29 日，丙辰到丙戌 30 日。例（9）中己巳到己亥 30 日，己亥到戊辰 29 日，戊辰到戊戌 30 日。例（10）乙巳到甲戌 29 日，甲戌到甲辰 30 日，甲辰到癸酉 29 日，癸酉到癸卯 30 日，癸卯到壬申 29 日。例（11）中己巳到己亥 30 日，己亥到戊辰 29 日，戊辰到戊戌 30 日，戊戌到丁卯 29 日，丁卯到丁酉 30 日。以上都是 29 日和 30 日交替。祇有例（12）例外，甲申到癸丑 29 日，癸丑到癸未 30 日，癸未到壬子 29 日，壬子到壬午 30 日，壬午到壬子 30 日，壬子到辛巳 29 日，這裏壬子到壬午，壬午到壬子，兩個 30 日相連。據此，我們可以補充懸泉漢簡中的一些干支。如：

（13）□未盡丁丑卅日□ I 90DXT0114③：147

按：據上文對"盡"的考釋，例（13）義爲"□未到丁丑三十日"，根據干支的順序，丁未到丁丑，是 30 日，故例（13）"未"前的缺字應爲"丁"，釋文可作：

【丁】未盡丁丑卅日□。

（14）戊　戊　□　　□　□
　　　子　午　亥　　□　巳 I 90DXT0114③：91

按："戊午"下應補"丁"，戊子到戊午 30 日，下個月應該是 29 日，戊午到丁亥正好 29 日，下個月應該是 30 日，丁亥到丁巳 30 日，"巳"上面的天干應該是"丁"。"丁亥"和"丁巳"之間幷無文字，釋文多了兩個空格。本簡應釋作：

戊　戊　【丁】　【丁】
子　午　亥　　　巳

（15）　　甲　　　癸　癸　壬
　　建
　　　　午　子　巳　亥　辰 I 90DXT0109S：131

按：癸巳到癸亥 30 日，癸亥到壬辰 29 日，甲午到癸巳 59 日，中間還有一個月，這個月的地支是"子"，甲午到□子應該 30 日，□子到癸亥應該 29 日，據此，"甲"後應補"甲"字。甲午到甲子 30 日，甲子到癸巳 29 日。故，該簡應該釋作：

```
    甲  【甲】 癸  癸  壬
建
    午   子  巳  亥  辰
```

（16）□   □   丙   □
　　　□   卯   寅   □   Ⅰ90DXT0112②：75

按：丙寅前干支記日中以"卯"爲地支的祇有乙卯（相差 11 天），癸卯（相差 23 天），辛卯（相差 35 天），己卯（相差 47 天），丁卯（相差 59 天），其中構成整月距離的祇有丁卯（相差 59 天），也就是相差兩個月（29 天+30 天），中間還差一個月，這個月首日的干支應該是丁酉或丙申。該簡圖片實在看不清，所以祇能如此推測。該簡釋文可作：

□ 【丁】 【丁】 丙   □
□   卯   【酉】 寅   □

或者：

□ 【丁】 【丙】 丙   □
□   卯   【申】 寅   □

三、乘法口訣補缺

《懸泉漢簡（壹）》有個九九乘法表殘簡，釋文作：

（17）□□□□三七廿一三四十二
　　　□□廿四二七十四二四而八
　　　□□十六六=卅六三=而九   Ⅰ90DXT0110①：114A

這是個殘簡，居延新簡 EPT52：223A 有比較完整的乘法口訣，李迎春《居延新簡集釋》（2016：341）：

（18）□一七八五十六□□卅二
八九七十二六八卅八五七卅五五六卅二五而十一=而二

七九六十三五八卌四七廿八四六廿四四=十六二半而一
六九五十四四八卌二三七廿一三六十八三四十二……　　EPT52：223A

根據居延新簡，例（11）懸泉漢簡第一行應補"四八卌二"，第二行應補"三八"，第三行應補"二八"，即懸泉漢簡 I 90DXT0110①：114A 應作：

【四八卌二】三七廿一三四十二
【三八】廿四二七十四二四而八
【二八】十六六=卌六三=而九

李迎春《居延新簡集釋》（三）（2016：341）中"一=而二"，"="視作"一"的重複號，誤，若視作重複號，義爲"一一而二"，顯然是錯誤的，應作"一二而二"，簡照中也是上短下長的"二"，不是兩畫相等的重複號。張顯成《簡帛文獻學通論》（2004：429）錄作"一二而二"，不誤。根據乘法口訣，《居延新簡》中第一行也可以補上"九=八十一"，即"九九八十一"，與下面的"八九七十二""七九六十三""六九五十四"相應。《里耶秦簡》（2016：63）正作：

九=八十一
八九七十二
七九六十三
六九五十四
五九卌五
四九卌六
三九廿七
二九十八　　《里耶秦簡》12-2130a+12-2131a+16-1335a

根據《里耶秦簡》，例（12）居延新簡"五六卅"上面還缺"六=卅六"，"三六十八"下面還缺"二六十二"。

《居延新簡》裏祇有"二五而十"，右邊應該是斷掉了，根據《里耶秦簡》（2006：63/137），"五六卅"下面還缺一欄，即：

五=廿五
四五廿
三五十五
二五而十

《居延新簡》後面尚缺：
二四而八

三=而九
二三而六
二=而四
二半而一

"二五而十"，張顯成（2004：429）作"四五二十"。原圖明顯是四個字，第一個字是"二"，第四個字是"十"。首先，漢簡乘法口訣中沒有"二十"，若是二十皆作"廿"，三十作"卅"，四十作"卌"。乘法口訣最後的得數如果是單數，前面則加上"而"以湊成四字格，從字形上看，第三個字也是"而"，這樣，雖然第二個字不清晰，但依然能大概看出"五"的輪廓，故該句應作"二五而十"。該簡右邊應該劈裂了一部分，第二欄的"七八五十六"不完整，右邊還缺"八=六十四"一行。同樣的第五欄右邊也殘缺，與里耶秦簡比較，右邊尚缺"三五十五四五廿五=廿五"。

四、根據上下文補缺

《懸泉漢簡（壹）》中有些缺文，我們可以根據上下文補充。如：

（19）出麥八斗，建平四年七月乙巳，縣泉置嗇夫付遮要置□
入麥□卅，建平四年七月乙巳，縣泉置嗇夫付遮要□　I 90DXT0112②：27B）

按：例（19）上句和下句除斗數外完全相同，下句"遮要"後面可據上句補上"置"字，作："入麥□卅建平四年七月乙巳縣泉置嗇夫付遮要【置】。"

（20）檄一，長史夫子印，詣使者雍州牧治所
□一封，敦煌大守章，詣使者雍牧治所。二月乙巳，日食時，佐永受御羌歸即時歸行
檄一，督郵印，詣淵泉　　I 90DXT0114①：11

按："雍"是古代九州之一，也叫雍州。《尚書·禹貢》："黑水西河惟雍州。"《爾雅·釋地》："河西曰雍州。"周代并梁州入雍州。《漢書》卷二八《地理志》："殷因於夏，亡所變改。周既克殷，監於二代而損益之，定官分職，改禹徐、梁二州合之於雍、青。"唐顏師古曰："省徐州以入青州，并梁州以合雍州。"西漢雍州改稱梁州。又曰："漢興，因秦制度，崇恩德，行簡易，以撫海內。至武帝攘却胡、越，開地斥境，南置交址，北置朔方之州，兼徐、梁、幽、并夏、周之制，改雍曰涼，改梁曰益，凡十三（郡）〔部〕，置刺史。"東漢建安十八年（213）

又改稱"雍州"。[1]"雍州牧"是雍州的最高長官,而不是"雍牧"。例(20)中間句"雍牧"應是脫了"州"字,應據上句"雍州牧"補"州"字,作:"□一封敦煌大守章詣使者雍【州】牧治所。"

(21) 乙 丑 丙 寅 丁 卯 戊 辰　Ⅰ90DXT0112①:79A
(22) □ 丙 子 丁 卯 戊 辰　Ⅰ90DXT0112①:79B

按:例(21)(22)是一枚簡的兩面,內容基本相同,唯"丙寅"和"丙子"不同,後面都是"丁卯""戊辰",例(22)可據例(21)在"丙子"的前面補上"乙丑"二字。

(23) □敦煌。
故完可用。
乘。敝可用。
第四傳車一乘,敝可用。
第五傳一乘,轝完。
輪轅敝盡,會福四,折傷,不可用。
第六傳車一乘,轝左軸折。
輪轅敝盡,不可用。
亶轝一左軸折。
亶轝一左軸折。
亶轝一右軸折。
陽朔二年閏月,壬申朔癸未,縣泉置嗇夫尊敢言之,謹移傳車亶轝簿一編。敢言之。　Ⅰ90DXT0208②:1-10

按:此爲《傳車亶轝簿》,"轝"同"輿",根據簿籍名籍前後文"第四傳車""第六傳車"的條例,"第五傳一乘"應脫一"車"字,應補作"第五傳【車】一乘"。又根據"第四傳車""第五傳車"和"第六傳車"的順序,上一簡也是描述車輛的,"乘"前似應補"第三傳車一"諸字。

(24) 盡九月,積三月　Ⅰ90DXT0114①:56

按:根據前文上文詞語考釋中有關"盡"的例子,"A月盡B月"就是"A月到B月",例(24)中"××盡九月積三月"就是"××到九月"共三個月,故"盡九月"前面應省了"七月"二字,當補。

---

[1] 夏征農、陳至立主編:《辭海》(第六版彩圖本)"雍州"條,上海:上海辭書出版社,2009年,第2759頁。

（25）☐盡十月五十九。（削衣）　　Ⅰ90DXT0208 S：45

按：例（25）中"盡十月"就是到十月，據上文例（4）（5），"五十九"後應是省了單位"日"字。59 天正好是兩個月，例（25）前應補"九月"，九月到十月，正好兩個月，根據懸泉漢簡中月份 29 天、30 天交替的規律，兩個月正好 59 天。故該簡可補作：

【九月】盡十月五十九【日】

（26）千乘里張千秋年十七千秋女弟陽須十丿

千秋女弟青士年七丿

八尺渠巳千秋女弟真田年二丿　　Ⅰ90DXT0112①：59

按：例（26）記載了張千秋和三個女弟的年齡，在敘述年齡時皆有"年"字作引導詞，如"年十七""年七""年二"，據此，"千秋女弟陽須十"中"十"前缺"年"字，可補作：

千乘里張千秋年十七千秋女弟陽須【年】十丿

千秋女弟青士年七丿

八尺渠巳千秋女弟真田年二丿

五、年號補缺

《懸泉漢簡（壹）》中有些缺字的年號，還可以根據紀年情況補全。如：

（27）☐元二年二月辛亥，過西　　Ⅰ90DXT0109S：123

根據郝樹聲和張德芳（2009：38）《懸泉漢簡研究》，懸泉漢簡中出現的年號，最早是漢武帝元鼎六年（前 105），最晚是漢安帝永初元年（107），其間以"元"爲後字的年號祇有漢元帝"初元"，據此可補上"初"字，初元二年就是前 47 年。

（28）☐節三年正月官車簿　　……　Ⅰ90DXT0109S：22

同樣，上簡可補"地"字，地節三年即前 67 年。而且該簡與相鄰簡Ⅰ90DXT0109S：21A"敦煌大守上書一封，本始四年☐月……☐"的年號也鄰近，本始也是漢宣帝的年號，是地節的上一個年號，本始四年是前 70 年，與地節三年僅相差三年。所以該簡可以錄作：

【地】節三年正月官車簿　　……

從以上簡單的詞語考釋和釋文訂補中，我們可以看到出土文獻與傳世文獻相結合的重要性。我們在做簡牘研究時，不能局限於出土文獻，一定要與傳世文獻相結合，這樣才能更好地體現出土文獻的價值。還有在研究某一種簡牘時，也不能僅限於該簡牘，要注意眼光的宏通。比如研究懸泉漢簡心中一定要有其他漢簡，甚至還要考察秦簡。也就是說在研究簡牘時，不但要做到出土文獻與傳世文獻相結合，還要把漢簡與秦簡相結合，把簡牘放到整個學術史、漢語史中觀察，這樣才能更準確地把握簡牘的地位，更好地發掘其價值。

出土文書整理與研究再發力（三）
——土垠遺址出土簡牘釋文校釋

張俊民[①]

【摘要】伴隨着成像與出版技術的提高，高清簡牘圖版的獲得爲出土文書的重新整理與研究提供了强有力的支撑。作爲研究基礎的文字的再釋讀日顯必要且可行。土垠遺址出土的漢簡，早年稱"羅布諾爾漢簡"，大部分藏臺北"中研院"史語所，少量散藏臺北故宫（2 簡）、中國國家圖書館（5 簡）。《居延漢簡（肆）》通過最新技術手段獲得的圖版與釋文以附録形式再現的土垠漢簡，雖糾正了很多舊有釋讀的問題，但仍存在一些未盡的釋讀。除"斥候"誤作"軍候"、"六人"應釋作"凡入"、"黃昏"之"黃"不妥之外，還可補出"車師戍校""軍候丞"等詞。爲重新認識羅布諾爾漢簡所揭示的社會信息提供了重要補充。

【關鍵詞】出土文書；羅布諾爾漢簡；土垠遺址；西北史地；西域考古

　　土垠遺址，位於著名的樓蘭遺址東北。20 世紀 30 年代，黄文弼在新疆土垠遺址考察時，發掘出土簡牘 71 枚。最早發表在《羅布諾爾考古記》[②]中。因爲圖版的清晰度原因，有關此簡的釋文諸家釋讀不一。2017 年臺北史語所《居延漢簡（肆）》[③]以附録形式將其收藏的這批簡牘以最新技術掃描出版，清晰圖版才得以再現。但是部分釋文也許是受早年釋文的影響，仍有一些未盡人意之處。試爲之，不當之處，敬請方家賜教！

　　簡 1. 都護軍候張良所假官駼牡馬一匹齒八歲高五尺八寸　　L1[④]

　　此簡釋文"孟研究"將"良"字存疑未釋，"牡"字作"牝"字；[⑤]"韓論文"在諸家釋讀的基礎上，將"候"字作"侯"（可能是校核不察所致），"牡"

---

* 本文是國家社會科學基金重大項目"中韓日出土簡牘公文書資料分類整理與研究"（20&ZD217））階段成果之一。
① 張俊民：甘肅省文物考古研究所研究館員，主要從事簡牘學研究。
② 黄文弼：《羅布諾爾考古記》，北平：國立北京大學出版社，1948 年。
③ 簡牘整理小組：《居延漢簡（肆）》，臺北："中研院"歷史語言研究所，2017 年。
④ 此類簡號均出自簡牘整理小組《居延漢簡（肆）》（臺北："中研院"歷史語言研究所，2017 年）編號。下同。行文簡稱"居肆"。
⑤ 孟凡人：《樓蘭鄯善簡牘年代學研究》，烏魯木齊：新疆人民出版社，1995 年。行文簡稱"孟研究"。

字作"牝"字。①

　　今案此簡完整，文字以上部分原簡牘上有左右對稱的契刻凹槽，用於繫繩，即本簡具有"楬"的功能，是標籤。字體有點草，"居肆"釋文"良""牝"可從。唯諸家不及的"軍"字與字形不符。圖版"軍"字作"￼"形，應釋作"斥"字，隸作"斥"字。因爲土墩遺址的簡牘屬於西北漢簡，其雖在西域仍脫不了漢簡的風格。敦煌太守曾一度節制西域，伊循都尉前曾加"敦煌"限定詞作"敦煌伊循都尉"②。此類字形在《簡牘帛書字典》與《漢簡草字整理與研究》均有收錄。③

　　《簡牘帛書字典》收錄的居延漢簡字形有"￼""￼"，敦煌漢簡字形有"￼""￼"，《漢簡草字整理與研究》收錄的字形有居延舊簡507·6"￼"，居延新簡EPT53：200"￼"。④另懸泉置漢簡有"￼""￼""￼""￼"等形。⑤

　　"斥候"，是一種戍卒士兵的身份，類似偵察兵。⑥懸泉置漢簡中也有"斥候丞""斥候千人"的稱謂，約是斥候管理的吏員。如：

a）將田渠梨斥候千人會宗上書一封　　　初元□☑　　　ⅡT0216②：26⑦
b）屯田渠梨斥候丞王常趙忠更終罷詣北軍
　　詔爲駕一封軺傳二人共載有請
　　甘露四年五月□□朔庚子使都護西域……□候
　　謂敦煌以……　　　ⅡT0214③：67
c）甘露二年三月丙午使主客郎中臣超承
　　制詔侍御史曰頃都内令霸副候忠使送大月氏諸國客與斥候張壽侯尊俱
　　爲駕二封軺傳二人共載
　　御屬臣弘行御史大夫事下扶風廄承
　　書以次爲駕當舍傳舍如律令　　　ⅤT1411②：35

---

① 韓厚明：《新疆出土漢簡簡牘集釋》，吉林大學碩士學位論文，2013年。其中有關羅布諾爾漢簡的釋文參考了很多家的釋讀，諸家的具體意見從略，本文僅以第330-333頁釋文爲是。行文簡稱"韓論文"。
② 吳礽驤：《敦煌懸泉遺址簡牘整理簡介》，《敦煌研究》第4期。根據詔書的傳布方式，首次提出敦煌太守一度管控西域的觀點。所以，在此等意義上還可以歸爲"敦煌漢簡"。
③ 陳建貢、徐敏：《簡牘帛書字典》，上海：上海書畫出版社，1991年，第382頁；李洪財：《漢簡草字整理與研究》，吉林大學博士學位論文，2014年，第423頁。
④ 李洪財：《漢簡草字整理與研究》第423頁收錄居延新簡EPT53:200"斥"的字形有誤，真正的EPT53:200"斥"字左殘，并不完整。
⑤ 敦煌市博物館編：《玉門關漢簡》，上海：中西書局，2019年，第206頁；甘肅簡牘博物館、甘肅省文物考古研究所等：《懸泉漢簡（壹）》，上海：中西書局，2019年，第541、561、575頁。
⑥ 沈剛《居延漢簡詞語彙釋》（北京：科學出版社，2008年，第66頁）集二説：一爲"主偵察望遠之人"，一爲"瞭望、偵察"；日本京都大學人文科學研究所簡牘研究班編《漢簡語彙》（東京：岩波書店，2015年第317頁）作以偵察敵情爲任務的人。
⑦ 此類簡號釋文來自懸泉置漢簡，下同。

简 a）中的"會宗"，無疑就是曾任西域都護的段會宗。史書所記段會宗任西域都護的時間在竟寧元年之後（前33），以杜陵令的身份擢任西域都護，其前闕如。本簡的初元某年（前48—前44）雖不詳，但可知段會宗在任西域都護之前已經在西域活動多年，而由杜陵令任西域都護則是在其從西域返回之後的事。"西域敬其威信"①，則是其在西域多年深耕的結果。除其後來的都護身份之外，還有其前曾在西域的"將田渠梨斥候千人"。段會宗的身份是"將田渠梨斥候千人"，可見"斥候"的身份并不再是單一的"偵察兵"，而具有戍卒、屯田卒身份。後二簡，一個是斥候人員東歸使用通行證"傳文書"，另一個是斥候作為護送人員與官員送大月氏使者歸國。

"斥"字釋文的改定將會引起諸多的連鎖反應。如張良的身份變化，"軍候"與"斥候"的差異；"斥候千人"與"斥候丞"的身份存在，將會對漢王朝在西域存在的"斥候"提出新的解釋，早年對"斥候"的認識可能并不全面。

簡2. ☐使者王君旦東去督使者從西方來立發東去君坐倉受糴黃昏時歸舍 L19

本簡上殘，"孟研究"對首個"君"字存疑，第二個"君"字作"已"字，"受"字作"吏"字；"韓論文"句讀作"☐者王君旦東去。督使者從西方來，立發東去。君坐倉受糴。黃昏時，歸舍"。

今案此簡首端補"使"字，即"居肆"釋文可從。唯諸家釋讀不及的"黃"字與字形不符。此字作"[字形]"形，又在"糴"字之後，應與所"糴"之物有關。疑為王君在倉中，接收所糴的某種糧食，可釋作"穀"字。如是"韓論文"後半句句讀應更為"君坐倉，受糴穀。昏時，歸舍"。

通簡是言某人在土垠遺址日常工作狀況，他簡有類似記錄。如：

乙巳，晨時，都吏葛卿從西方來，出謁，已，歸舍；旦，葛卿去，出送，已，坐倉校錢；食時，歸舍；日下餔時，軍候到，出謁，已，歸舍。　　　L18

☐☐行馬，已；坐西傳中，已；出之橫門，視車，已；行城戶，已；複行車，已；坐橫門外，須臾，歸舍。　　　L21

此類文書，比較完整的是簡L18，"乙巳"是時間，所記為某人一天的工作瑣事。從天明晨時到天黑，往復循環，構成在土垠遺址的值班生活場景。從中可見，此處是交通要道，人來人往，值班官員需要出面參與迎來送往；此外，這裏還有糧倉，坐倉校驗是值班事務之一。聯繫到這裏出土的"居盧訾倉以郵行"，將土垠遺址作為漢代在西域的居盧訾倉遺址是合理的。②而土垠遺址三面環水的地

---

①《漢書》卷七〇《段會宗傳》，北京：中華書局，1964年，第3029頁。懸泉置漢簡出現的"會宗"可以為史書段會宗的早年事跡補充重要一筆。

② 孟凡人：《樓蘭鄯善簡牘年代學研究》，烏魯木齊：新疆人民出版社，1995年。

理條件，恰與甘露年間漢政府修建海廉渠準備向居盧訾倉漕運糧草相吻合①。

簡3. 十二月七日出□六十粟二石　　　　　　　　　　　L25B

本簡松木，上端字迹漫漶，"孟研究"無釋文，"韓論文"下部釋文作"粟□四石"。今案本簡性質不明，約爲簿計文書。"居肆"釋文可從，唯"出□"與辭例、字形不符。本簡應該是錢多少（糴）粟二石。其中"六十"二字無疑，其上"□"，可釋作"百"字。"出"字作"　"形，疑"二"上有一點，不是"出"字，若作"五"字，似乎粟貴了很多。權作"·二"。

簡4. 應募士長陵仁里大夫孫尚☒　　　　L30

本簡松木，右上、左、下殘。字迹漫漶、殘泐，已有的釋讀無异議。早年的圖版不明，今據圖版"尚"字後，接近尾端還有兩個未釋字，因爲殘泐不可釋，應補二"□"。

簡5. ……□一分□□□□□□□□□食用□□□□☒
　　　方風八分□……
　　　□□四分□
　　　人參二分之
　　　……　　　　　　　　L39+L49+L48B

本簡"居肆"以三簡可以綴合，以姚磊上下遥綴方式，②本簡爲左右遥綴，中間有殘缺。因爲字迹殘泐，"孟研究"與"韓論文"不録。"……"表示不可釋讀的字數不詳，原"居肆"用"☒"，容易與斷簡符號混淆，今改（下同）。本簡爲醫藥簡，因殘半。根據醫藥簡的辭例，B面右行下面的十多個字，其中的部分還是可以證補的。如"分"下前五個"□"，依字形應釋作"皆冶合和以"。"冶合和"是中藥的製作方式之一。武威醫藥簡治久咳病方"凡六物，冶合和"，解釋者將"冶合和"作"熔煉加工炮製"解。③

"用"下二字"居肆"僅釋出左側半字，考慮到A面出現的"淳酒"，此二字釋作"淳酒"無疑。用淳酒作藥引子，這是中藥的一種方法。其下又可作"飲"

---

① 張俊民：《漢代西域漕運之渠"海廉渠"再議》，《簡牘學研究》第7輯，蘭州：甘肅人民出版社，2018年。"黄昏"一詞，史語所"簡帛金石資料庫"檢索系統可以得到二：其一在周家臺30號秦墓，參見湖北荆州市周良玉橋遺址博物館《關沮秦漢墓簡牘》（中華書局，2001年，第29頁）；一見居延舊簡85·26作"☒黄昏時盡乙卯日食時四五束"，疑此"黄"字爲"寅"。在懸泉置漢簡一見，恐有誤，肩水金關漢簡中無。《史記》《漢書》無。不知道是何原因秦時、西漢時無。

② 姚磊在其博士論文第一章第二節中，將"遥綴"發展爲"非緊密綴合"，其義近似。簡言之就是即便簡牘缺損無法完整拼合，但衹要是一簡，就可以左右或上下綴合。參見姚磊《肩水金關漢簡綴合、編連及相關問題研究》，武漢大學博士學位論文，2018年，第27頁。

③ 張延昌：《武威漢代醫簡》，蘭州：甘肅科學技術出版社，2019年，第78頁。

字。前揭武威醫藥簡有較多用淳酒的例文，不贅。

簡 6. ☐☐☐☐☐家屬六人官駝二匹食率匹二斗　　　　L41

本簡上端字迹漫漶，諸家釋文無疑。首起第三個未釋字，字形作"🈳"形，右側漫漶，應釋作"史"字。"家"字作"🈳"形，與字形有點不符，權從。"六"字與字形不符，字形作"🈳"狀，應釋作"凡"字。由之導致"人""入"不分的"人"字，應釋作"入"字。即"六人"爲"凡入"。"駝"字，懸泉置漢簡多作"橐駝"，因爲土垠遺址出土的漢簡，多爲西漢簡，由之體現出不同地區物品名稱用字的差异。

簡 7. ☐卅二日食☐☐☐☐
　　　☐　　　L44

本簡上下殘，簿計文書。諸家釋文無异議。作爲簿計文書"卅"字，無疑是"廿"字；"食"下未釋字"☐"，可釋作"用"字。

簡 8. ☐☐☐☐角駝二月癸卯死☐　　　　L47

此簡上下殘，首端未釋字"孟研究"作兩個"☐"，"韓論文"作"☐曰"。今案"☐曰"比較合適，而實際上這是官駝的名字，釋文是"名曰角駝"。類似懸泉置漢簡中傳馬病死爰書。但是不僅官馬有名稱，官牛也都有名稱，官駝依例應該也有名稱。唯爲何以"角"字界定馬、駝尚不明。①

簡 9. ☐五石具弩一☐
　　　☐承弦二☐
　　　☐犢丸一☐　　　　L52

本簡松木，上下殘，西北漢簡中或作爲兵器簿，或作爲戍卒名籍下附的兵簿。如金關漢簡 73EJT21：46 所記騂北亭兵物有：

騂北亭長王禹……櫝丸三臬長弦二
士吏蘭二完四大黄承弦二
☐☐張鐵把弦各一槍一☐櫝各三②

馬圈灣漢簡馬·826 記：

戍卒禄福屈竟侯憙見六石具弩二稾矢銅鍭三百鐵甲鞮瞀各四
☐戍卒樂涫王譚五石具弩一䖟矢銅鍭四百五十

---
① 張俊民：《敦煌懸泉置出土文書研究》，蘭州：甘肅教育出版社，2015 年，第 236、345 頁。
② 甘肅省文物考古研究所等：《肩水金關漢簡（貳）》，上海：中西書局，2012 年。

□□□□櫝九二①

本簡釋文，諸家釋讀無疑。但是考慮到一般的"櫝丸"之"櫝"多是"木"部，本簡的"牛"部恐不妥。且因爲字體較小，此字作"㸊"形，字書居延簡徑作"櫝"字，②偏旁"牛""木"不易分辨，③"犢"字改作"櫝"字較妥。"櫝丸"一般是指盛放弓弩的盒子。④

簡 10. 虞卒師戍□□匹□……　　　　　L54+53A

本簡屬於木牘，"孟研究""韓論文"均分爲二簡言，"居肆"綴合爲一，可從。文字兩面書，從 AB 面文字的書寫狀況來看，B 面是正文，A 面除了我們的録文外，下面除"爲將"之外多是"易"字，疑爲習字所書（不録），暫以省略號代替。

A 面現有釋文"虞""戍"字可從。唯嚴格來説，"虞"字應釋作"禀"字。一是字作"禀"形，無"广"部，二是秦律有關口糧的發放亦用"禀"而不用"虞"字。⑤"師"字"居肆"保守以括弧框之，確爲"師"字。細審圖版，"卒"字應釋作"車"字。"車師戍"，其下無疑是"校"字。"匹"上未釋字排除周邊干擾，作"七"形，應釋作"七"字。"匹"下未釋字作草書，隙裂干擾後，"馬"形仍是很清楚。即現有的釋文可隸作"禀車師戍校七匹馬……"。本簡的 A 面記録對馬匹的禀食狀況，B 面爲衣物名籍。

簡 11. 及劍□殺死以律令從事　　　　　　L60

本簡完整，官文書尾部。草書，字迹漫漶，未釋字"□"，"孟研究"作"毆"字，"韓論文"作"伏（？）"，足見此字釋讀爭議較大。字形作"獄"狀，左側是"犬"部，中間"言"部省減，應釋作"獄"字。類似的"獄"字又見馬圈灣漢簡馬·985 作"獄"形⑥，肩水金關漢簡 73EJT30：174 作"獄"形⑦。此簡爲案獄文書，"獄"爲場所。如果在監獄中出現用劍或他物的殺人事件，按律論罪（"以律令從事"）。

---

① 張德芳著：《敦煌馬圈灣漢簡集釋》，蘭州：甘肅文化出版社，2013 年，第 307 頁。其中"侯"字原釋作"候"字，作爲人名姓氏應作"侯"。
② 陳建貢、徐敏：《簡牘帛書字典》，上海：上海書畫出版社，1991 年，第 452 頁。
③ 李洪財《漢簡草字整理與研究》（吉林大學博士學位論文，2014 年，第 33 頁）言"櫝、犢同形相混"。
④ 沈剛《居延漢簡詞語彙釋》（北京：科學出版社，2008 年，第 246-247 頁）詳説"櫝""犢"之辨，仍以"櫝"字出現，而孫機《漢代物質文化資料圖説》（北京：文物出版社，1991 年，第 139 頁）説櫝丸"不能裝弓"。
⑤ 睡虎地秦墓竹簡整理小組：《睡虎地秦墓竹簡》（北京：文物出版社，1990 年，第 22、30、32 頁，有關口糧、衣物的發放均用"禀"字。
⑥ 張德芳：《敦煌馬圈灣漢簡集釋》，蘭州：甘肅文化出版社，2013 年，第 329 頁。
⑦ 甘肅簡牘博物館等編：《肩水金關漢簡（三）》，上海：中西書局，2013 年，第 197 頁。另韓鵬飛在《〈肩水金關漢簡（肆·伍）〉文字整理與釋文校注》（吉林大學碩士學位論文，2019 年，第 995 頁）收録的幾個"獄"字字形均接近。

簡 12. 軍□丞商□　☑　　　　　　L66

本簡屬於觚形，左、右、下殘，"孟研究"作"軍□丞□再拜"，"韓論文"作"軍□丞□□"。今案圖版，"再拜"無存，約祇有一個字。"商"字作爲人名，可從。"軍"下未釋字用在土垠遺址，可釋作"候"字。"軍候丞"官名，元康五年（前 61）懸泉置"過長羅侯費用簿"記長羅侯隨行有軍長史二人、軍候丞八人、司馬丞二人。①

簡 13. ☑□受□□書☑　　　　A
　　　 ☑□□□□□□☑　　　B　　　L68AB

本簡上、下殘，字迹殘泐。"孟研究"僅釋出 A 面的四個字，其中兩個還是造字，另兩個是爲"受""書"；"韓論文"與"居肆"A 面同，缺 B 面。這是新舊圖版的差異所在，而新圖版利用新技術得到的圖版更清晰。

今據圖版 A 面有五個字，可釋作"當受客福書"。字體規整，約爲正文。B 面墨色淺淡，約爲接到官文書時的記錄文字，其中前二字筆劃較爲殘泐，比較清楚的是其下"軍候丞"三字，尾端一字，可釋作"印"字。A 面文書可能是來自某軍候，文書上緘封的印章爲"軍候丞印"。按照郵書行文格式，B 面第二個字可釋作"以"字，其上無疑是"封"字。即 B 面完整的釋文可釋作"封以軍候丞印"。

簡 14. □候官橐他官驢各一匹付爲卩……
　　　 □□□官馬五匹□□□橐他一匹凡用八石□□□☑
　　　 ……　　　L70

本簡左、下殘，草書，"孟研究"以圖版不清，未釋讀，"韓論文"以《中國簡牘集成》釋文補釋"郭良"，"居肆"對"驢""爲"二字存疑。今案右行文字的首字，可釋作"大"字，"候"與字形不符，與前字結合可釋作"大伯"②。"驢"字，可從。"爲"字上部還有筆劃，不妥。"爲"字與"付"字距離較近，即便將"付"全部刪去，還有"𤕭"形，加上"付"字尾筆干擾，可釋作"高"字。其下類似畫押的"卩"有點長，是不是畫押符號值得懷疑，約爲"卿"字。之所以可釋作"高卿"，是因爲"付"字之後一般是人名，"付高卿"是可以理解的。

左行首起二字，可釋作"卒具"。"匹"後未釋讀的三字，參考右行文字，可釋作"驢四匹"。下一欄"韓論文"的"郭良"二字，"居肆"存疑未釋，粗看釋作"郭良"可以，但"郭"字又可釋作"朝"字，疑爲"朝食"。以某物八

---

① 張俊民：《簡析"過長羅侯簿"》，《隴右文博》，2000 年第 2 期。
② "大伯"一詞作爲人名，又見居延漢簡與懸泉置漢簡。居延漢簡有"翟大伯"與"郭大伯"等，後者"賈大伯"二見，"田大伯"一見。王子今《秦漢稱謂研究》（中國社會科學出版社，2014 年）未曾注意"大伯"稱謂一詞，亦可反證人名是成立的。

石食牲畜，他簡有朝食、暮食之分。"郭良"或可釋作"朝食"。

補記：

2021年3月網購《萬里同文——新疆出土漢文書迹集萃》①，因爲其書中有所謂的"高清圖版"。全書分爲簡牘、紙本與碑刻三部分，其中簡牘又分漢簡與晉簡。漢簡以土垠遺址出土爲主，但不知是因爲何種原因將原本一般所言的發現時間改成1928年？是不是又有新的檔案文書發現呢？如若不然，這個"1928年"就是錯誤的。因爲原《羅布諾爾考古記·自叙》第二頁明記："羅布諾爾考察，前後凡二次。第一次在民國十九年春季。"②此外，所錄簡牘釋文也是經作者辨識重新釋讀，屬於一種新的版本釋文。拜讀之後的，感覺有必要將其中存在的分歧指出來，供大家研讀。

我們在前面例舉的簡L1，在《萬文》的第6、7頁，釋文與"居肆"釋讀同，"斥候"仍作"軍候"。因爲涉及當時的管理制度，還是有必要糾正的。另外L34在"居肆"中因爲缺少紅外圖版，筆者在前文沒有涉及。《萬文》釋讀作：

（前闕）土南陽郡涅陽石里宋鈞親妻璣年卅
私從者同縣籍同里交上□□□（後闕）③

"居肆"釋文作：

☑士南陽郡涅陽石里宋鈞親妻璣年卅
私從者同縣籍同里龐[上]□□□□

由之可見，二者的釋讀差異還是明顯的，如"土"與"士""交"與"龐"，相同者是"鈞"字。比較二者的釋讀，"土"字雖從《羅布諾爾考古記》釋讀，顯然不如"士"字更合理。至於"士"又是何種身份我們可以再考慮，但不是"土"字。

"鈞"字已有釋讀雖無异議，但"鈞親"作爲人名在西北漢簡中并不常見，比較習見者是"利親"。由是，可懷疑"鈞"字的釋讀可能有問題。細審圖版"鈞"字作"钧"形，左側是"禾"部，不是"金"部；右側是"刀"部，不是"勻"形。即"鈞"字依字形應釋作"利"字，即"鈞親"應釋作"利親"。"利親"，屬於西北漢簡常見人名之一。如居延舊簡127·17+127·16有卒"馮利親"、174·5有"霍利親"等。④

---

① 陳凌：《萬里同文——新疆出土漢文書迹集萃》，杭州：浙江大學出版社，2020年。以下行文簡稱《萬文》。
② 黃文弼：《羅布諾爾考古記》，北平：國立北京大學出版社，1948年。
③ 陳凌：《萬里同文——新疆出土漢文書迹集萃》（杭州：浙江大學出版社，2020年，第12頁）所附圖版有二，一是所謂清晰的黑白圖版，一是彩色的圖版，而黑白圖版與彩色圖版存在明顯的差异。
④ 簡牘整理小組：《居延漢簡（貳）》，臺北："中研院"歷史語言研究所，2015年，第61、180頁。

一作"交上",一作"龐上",顯然二者釋讀必有一誤,抑或均不妥。首先因爲二字左側均有殘損,在其出現的位置是人名,應該從人名的姓氏+名字的角度去思考。人名之後是人的年齡。彩色圖版作"⿱"形(黑白圖版作"⿱"形,懷疑早年的黑白圖版修整過),粗看左側有點類"言"部,"交"字明顯是不對的。"龐"字雖可以作姓氏,但"龐"字不僅要有"廣"還要有"立",與本字的左側也不相符。此字應釋作"龍"字。後一個字釋作"上"字也不妥,名字稱"龍上"不便理解。"上"字可存疑不釋。從殘存間距來看存疑"上"字之後有三個字"□"比較合理,而第一個"□"依照文例是"年"字,最後一個殘存的一橫筆,可釋作"一"字。

《萬文》第2頁,錄"黃龍元年"簡圖版與釋文。唯釋文作:

黃龍元年十月(後闕)

案本簡"居肆"未收圖版,《羅布諾爾考古記》與《疏勒河流出土漢簡》編號56,釋文作:

黃龍元年十月□□□☑　　　　　　　　L56

從《萬文》一書的"闕"來看,大意是承襲碑刻的殘斷狀況,而實際上"月"字下仍有幾個字,其釋文顯然不如早年的釋讀合理。早年漫漶不識的三個字,按照現在的釋讀方法,可能是五個字。其中前兩個有點類似"丁酉",可補。

從屯戍簡牘看"印""章"的印章義相關引申義

魏德勝[①]

【摘要】西北屯戍簡牘中"印""章"用例豐富，除了用爲印章義外，還引申出"封泥"、印章上的文字等義項，這些義項在其他文獻中用例較少。與之相關的，"封"也有"封泥"的引申義。這些義項在辭書中多不見著録。

【關鍵詞】屯戍簡牘；印；章；封；引申義

印、章，《漢語大字典》等工具書有"印章"的義項，但缺乏與"印章"義相關的其他義項。西北屯戍簡中"印""章"用例豐富，并且引申出"封泥""印面"（印上的文字）等義項。

封泥，施用於封檢上的封泥匣中，上蓋印章，以密封傳遞中的機密文件。西北屯戍簡中常見有封泥匣的封檢。而在文書傳遞過程中，偶發封泥破損的情況，收發文件的人員就需要在封檢上登記這類意外的狀況，在屯戍簡中就有"印破""章破"這樣的記録，其中的"印""章"，就由印章義引申出了加蓋有印章的封泥的意思。如：

（1）肩水候官吏馬馳行。印破。十二月丙寅金關卒外人以來。□（居延漢簡20.1）[②]

（2）印破。卒同以來。（居延漢簡39.13）

（3）甲渠官。印破。十月癸亥第八卒以來。（居延漢簡178.1）

（4）[甲]渠官。印破。十一月乙卯卒同以來。·二事。（居延漢簡220.7）

（5）甲渠官。印破。正月甲辰，門卒以來。令史定。（居延新簡集釋EPT6：36）[③]

（6）甲渠候官，以郵行。印破。四月己未日餔時，第一隧長巨老以來。（居延新簡集釋EPT56：47）

（7）其四封張掖騎司馬詣府。一封酒泉大守，章破，詣府。（居延漢簡61.17+188.18）

（8）南書二封，一封章破，詣觻得。□[沙頭卒同夜人定時]付界亭卒同（居延漢簡505.23A）

[①] 魏德勝：北京語言大學文獻語言學研究所教授，主要從事漢語史、簡帛文獻研究。
[②] 簡牘整理小組編：《居延漢簡》，臺北："中研院"歷史語言研究所，2014年，第68頁。後凡引是書，不俱出注。
[③] 張德芳主編：《居延新簡集釋》，蘭州：甘肅文化出版社，2016年，第54頁。後凡引是書，不俱出注。

（9）北書一封，章破，樂官丞庶虜封，詣居延。十二月丁丑☒二分當☐☒ 三時☒（居延新簡集釋EPT51：197）

（10）北書一封，章破，不☒（居延新簡集釋EPT51：621）

（11）北板合檄四。∠十七。∠合檄二，章皆破，摩減不可知。其一詣刺史趙掾☒合檄一，張掖肩候印，詣刺史趙掾在所。·合檄一，☒（"∠十七∠"爲後書）（居延新簡集釋EPT52：39）

（12）北書四封。不校。其一封，大守章，詣府。一封，居延司馬，詣府。二封，章破。一詣府……☒（"不校"二字爲後書）（居延新簡集釋EPT52：168）

除封泥破損的情況外，也可見封泥缺失的記載。如：

（13）食四分，萬年驛卒徐訟，行封橐一封，詣大將軍；合檄一封，付武彊驛卒。無印。（居延新簡集釋EPT49：29）

（14）☒官，行者走。亡印，以私名姓封。（居延新簡集釋EPT56：56）

"亡印"，即"無印"。"以私名姓封"收發文件的人員用個人私印重新封裝。

封泥完好等正常情況，一般不用特別説明，但也偶見記載的。而施用封泥、印章的動作就是"封"。如：

（15）封印曰張☐☐ [爵]元年九月☒（居延漢簡239.72）

（16）令史王卿記，願宵卿開户。出小☐付豐。罌中有米七斗，及筆中皆並遺豐。願以宵卿印封之。叩頭，幸=甚=。/養卒氾彭出五月食，以其一石二斗付豐。（居延漢簡287.15A）

（17）印封皆完，毋塗，敢言之。（居延新簡集釋EPT50：261）

（18）☒[都遣詣署]☒無封印章，案真書（居延漢簡482.1）

"印封皆完"，就是封泥和封泥上蓋的印章都完好，"封"由動詞義轉爲名詞義，表封泥。而"無封印章"，就是没有封泥和加蓋的印章。這兩種表達都略煩瑣，比照上面的説法，可以簡單説"印完""無印"。

印章上刻的文字，也可以叫"印""章"，這是這兩個詞的另一引申義。這種詞義引申的路徑也容易理解。這種用例在屯戍簡中也常見。如：

（19）肩水候官。印曰朱千秋。十二月壬申，隧長勤光以來。（居延漢簡5.2）

（20）印曰張掖肩候。六月戊午，如意卒安世以來。守令史禹。（居延漢簡7.7B）

（21）印曰蘭禹。六月壬戌，金關卒延壽以來。候史充國。（居延漢簡10.34B）

（22）肩水候。印曰張掖肩水司馬印。三月丁丑，驛北卒樂成以來。（居延漢簡14.3）

（23）甲渠候官。印曰陳德昌印。八月乙巳，第八卒夏賀以來。（居延漢簡38.7）

（24）印曰昭武丞印。（居延漢簡 47.6B）

（25）印曰觻得令印。元康元年九月乙亥士吏平以來。（居延漢簡 109.9）

（26）印曰居延都尉印。甲渠候官。四月丙子，臨桐卒禹以來。（居延新簡集釋 EPT53：55）

（27）印曰居延都尉章。地節三年十月壬辰，步廣卒☒（居延新簡集釋 EPT53：70B）

（28）印曰尉史勝之印。五月乙巳，尉史勝之以來。（居延新簡集釋 EPT56：283B）

（29）印曰趙安漢。甲渠候官。十二月辛丑，第七卒陳廣以（居延新簡集釋 EPT56：314）

（30）章曰酒泉庫令印。十月壬辰卒史[高]以來。（居延漢簡 90.33+19.8+192.29+192.17+182.49+19.44+293.10+182.11B）

（31）一封，章曰鷥烏長印。一封，章曰騂馬農令印。（居延漢簡 513.21）

（32）章曰肩水都尉☒（居延漢簡 11.6）

（33）肩水候。章曰張掖都尉章。四月丙辰，騂北卒宗以☒☒（居延漢簡 54.25）

（34）甲渠。章曰居延都尉章。五月甲戌，臨桐卒馮弘以來。（居延新簡集釋 EPT51：190B）

（35）☒主材阿陽丞公孫彭假印一，章曰阿陽丞印。（居延新簡集釋 EPT59：233）

（36）章曰居延都尉印。十一月丙午，遊擊卒始以來。（居延新簡集釋 EPT57：10B）

還有用複音詞"印章"的例子，詞義也轉爲表印章上的文字：

（37）印章曰（居延新簡集釋 EPT5：153）

（38）☒印章曰：犧和農楊丞。（居延新簡集釋 EPT59：497）

與"印章"義有關的引申義，"印"還可以做動詞，表用印章的意思。"章"未見這樣的用法。《漢語大字典》："印，使物上留下痕迹。"[1]用《睡虎地秦墓竹簡》例："縣嗇夫若丞及倉長雜以印之。"[2]整理小組注："印，加蓋璽印封緘。"《大字典》對詞義的概括似太寬泛，加蓋印章，就是直接從名詞"印章"義引申而來，不用擴大其使用範圍。《漢語大詞典》有"蓋章"義項，但首例是《遼史》中的句子，太晚。屯戍簡中未見"印"做動詞用的例子。

與"印""章"相關的詞還有上面提到的"封"。"封"有封閉的意思，動詞。可以特指用封泥封閉傳遞的書信、物品，如："戍卒，陳留郡平丘北☒里趙聖。裘絑橐。封以陳留大守章。"（居延新簡集釋 EPT58：115）"食四分，萬年驛卒徐訟，行封橐一封，詣大將軍；合檄一封，付武彊驛卒。無印。"（居延新

---

[1] 漢語大字典編輯委員會：《漢語大字典（第二版）》（簡稱《大字典》），成都：四川辭書出版社、崇文書局，2010 年。凡引字典、辭典類工具書不注頁碼。
[2] 睡虎地秦墓竹簡整理小組編：《睡虎地秦墓竹簡》，北京：文物出版社，1990 年，第 25 頁。

簡集釋EPT49：29）"☑□以居延倉長印封，寫移=居延。書到。"（居延新簡集釋EPT68：209）這裏的"封囊"，就是密封并加蓋了封泥的袋子。由動詞"封閉"義，引申爲"封泥"義，名詞。文書、物品傳遞過程中，如果封泥發生破損，可以説"印破""章破""印章破"，也可以説"封破"。簡文中"封"表"封泥"義還有一些用例，如：

（39）入南書二封。居延都尉。九年十二月廿七日、廿八日起詣府，封完。永元十年正月五日蚤食時，時松受孫昌。（居延漢簡128.2A）

（40）封破甲渠（居延新簡集釋EPT5：71）

（41）□行詔書一封。封破□□（居延新簡集釋EPT7：31）

（42）君教。曉崔尉史，令月廿五日所來上官所。有歸者，願·君復召之。第十㮷甲卒破檄封，請辟行罰。言狀。習叩頭，死罪死罪。習臘殊毋用膳。府掾史長吏，因蒙·君厚恩同。奈何，叩頭死罪。願君加湌食，永安萬年，爲國愛身。習方行部詣官，叩頭死罪死罪。（居延新簡集釋：EPT44：4B）

（43）丁丑到，留遲。封破，毋旁封。記到，各推辟☑（居延新簡集釋 EPT59：504）

（44）☑一封，張掖大守章，詣府。一封，張掖都尉章，詣府。一封，不可知，詣居延千人彭君治所。·一封=破，張尊爲旁封，詣居延。十月庚午夜大□　元鷄前鳴付☑（居延新簡集釋EPC：24）

張家山漢簡中有關文書傳送過程中對封泥檢查的規定："諸行書而毀封者，皆罰金一兩。書以縣次傳，及以郵行，而封毀，過縣輒劾印，更封而署其送徼（檄）曰：封毀，更以某縣令若丞印封。"[①]主動破壞封泥的，即"毀封"，要受罰；而意外損毀的，即"封毀"，需加蓋新的封泥。其中"毀封""封毀"中的"封"都是名詞義"封泥"。原封泥破損，負責中轉的官員可以製新的封檢，稱爲"旁封"。

用於封閉門户等的東西也叫"封"。《睡虎地秦墓竹簡》記載，官府的糧倉在確定好儲藏糧食的數量後，關閉門户，并由相關官員一同封閉，留下類似今天封條這樣的東西，并加蓋各官員的印章。"入禾，萬石一積而比黎之爲户，及籍之曰：'某廥禾若干石，倉嗇夫某、佐某、史某、稟人某。'是縣入之，縣嗇夫若丞及倉、鄉相雜以封印之。"[②]（效律）官府收納錢幣的器物也與此類似。"官府受錢者，千錢一畚，以丞、令印印。不盈千者，亦封印之。錢善不善，雜實之。出錢，獻封丞、令，乃發用之。"[③]（金布律）張家山漢簡則是規定了官府文書收藏的要

[①] 張家山二四七號漢墓竹簡整理小組編：《張家山漢墓竹簡[二四七號墓]》，北京：文物出版社，2006年，第46-47頁。
[②]《睡虎地秦墓竹簡》，第25頁。
[③]《睡虎地秦墓竹簡》，第35頁。

求,《二年律令》:"民宅園户籍、年細籍、田比地籍、田命籍、田租籍,謹副上縣廷,皆以篋若匣匱盛,緘閉,以令若丞、官嗇夫印封,獨别爲府,封府户。"①漢代文書傳遞中的封檢各地陸續有實物發掘出土,而官府糧倉、府庫的封閉工具目前還不太清楚,但一定有類似封條這樣的物品,在屯戍簡中,這樣的物品也可以稱爲"封"。如:

(45)建始二年十月乙卯朔丙子,令史弘敢言之,迺乙亥直符,倉庫户封皆完,毋盜賊發者,敢言之。(居延新簡集釋EPT52:100)

(46)建平三年七月己酉朔甲戌,尉史宗敢言之,迺直符一日一夜,謹行視錢財物,臧内户封皆完,毋盜賊發者。即日平旦,付令史宗。敢言之。(居延新簡集釋EPT65:398)

(47)更始二年正月丙午朔庚申,令史□敢言之,迺己未直符,謹行視,諸臧内户封皆完。時毋水、火、盜賊發者。即日付令史嚴。敢言之。(居延新簡集釋EPT48:132)

(48)迺壬申直符,倉庫户封皆完,毋盜賊。(居延漢簡257.22)

由封書的意思,"封"還引申出表書信的量詞義。如:"卅井關守丞匡檄一封,詣府。十一月壬辰,言居延都田嗇夫丁宫、禄福男子王歆等入關檄甲午日入到府,留遲。"(居延新簡集釋EPF22:133、134)

---

① 《張家山漢墓竹簡[二四七號墓]》,第54頁。

秦漢算術書中的四則運算淺見

譚競男[1]

【摘要】四則運算"加減乘除"是現代數學最基本的入門常識，《九章算術》中已經可以看到"加減乘除"的穩定結構。而出土文獻所展現出來的秦至西漢早期的算術雖然已經具備"加減乘除"的基本功能，但是術語用法與《九章算術》這樣經過漢代學者整理的體系完整的文獻有較大不同：加、減法基本不用"加""減"，"除"常常不表示除法，"乘"常表示乘法，同時乘法也有其他表示方法。

【關鍵詞】算術書；出土；四則運算

20世紀70年代以來，簡帛古書作爲新文獻的代表被不斷大量發現，樣本數量的激增，對於古書的分類、成書與流傳等研究產生了巨大影響，各文獻類型的研究遍地開花。先秦、秦漢古籍中，六藝、諸子、詩賦的關注度較高，秦漢算術書作爲出土文獻中相對"小衆"的材料，研究主要在文字釋讀、算題考證上，綜合性話題相對較少。目前已經有四整批算術簡冊已公布或正在公布中，分別是張家山漢簡《算數書》、嶽麓書院藏秦簡《數》、睡虎地漢簡《算術》、北京大學藏秦簡《算書》與《田書》，前三種每批簡冊的數量都在200枚左右，北大簡數量總計400餘枚。從數量到算題類型已經頗爲豐富，與傳世早期算術書代表《九章算術》可堪比照之處頗多。本文從四則運算術語這一小切入點出發，一窺早期算術書形成的過程。

四則運算"加減乘除"是現代數學最基本的入門常識，《九章算術》中已經可以看到"加減乘除"的穩定結構。而出土文獻所展現出來的秦至西漢早期的算術雖然已經具備"加減乘除"的基本功能，但是術語用法與《九章算術》這樣經過漢代學者整理的體系完整的文獻有較大不同：加、減法基本不用"加""減"，"除"常常不表示除法，"乘"常表示乘法，同時乘法也有其他表示方法。

一、加法

（1）"加"

《九章算術》中"加"字多見，常表示加法，如：

---

* 本文爲國家社科基金青年項目"秦漢算術文獻綜合整理與研究"（19CZS007）階段性成果。

[1] 譚競男：江漢大學人文學院，主要從事先秦秦汉出土文獻研究。

> 置定往來步數，十加一，及載輸之間三十步，以爲法。①（《九章算術·商功》）

"十加一"表示 10+1，做加法運算。

出土文獻中幾乎不見"加"字，目前可見的唯一一例是北大秦簡《算書》：

> 里田述（術）曰：里乘里，一殹（也），見一鼠（予）二，見二鼠（予）四=，（四）者加一，因而三之，即頃畝殹（也）。②（《算書》04-081）

"里田"術是將以里爲單位的田地面積換算成頃畝單位。關於簡 04-081 的計算方法，整理者據郭書春意見推測："'見一予二'，成 3，即方里化成頃時'壹參之'；'見二予四，四者加一'似是將 2 變成 4，4 加 1 成 5，即'五之'之'五'；'因而三之'，即乘 3 次 5。"③中國古算書研究會指出這五句四字句應是口訣，大意爲："1 里乘以 1 里等於 1 平方里（因此，百位是 1），看見這個 1 即予以 2（十位上予以），看見這個 2 即予以 4，4 則加 1（得到的 5 予以個位），由此得到 125，乘以 3（即 375），就是 1 平方里的頃畝數。"④中國古算書研究會的看法比原整理意見更有道理。這樣的計算方法在算術書中罕見，我們懷疑并不是計算過程，而是籌算過程，因此這裏的"加"可能不是加法，而是"四"的算籌再增加一根，得到算籌"五"。

（2）"益"

出土算術書中表示加法計算常見的術語是"益"，如：

> 今有金七分朱（銖）之三。益之幾何而爲九分七。曰：益之六十三分朱（銖）廿二。術曰：母相乘爲法，子互乘母各自爲實，以少除多，餘即益也。⑤（《算數書》30-31）

> □有園（圓）材蘳（埋）地，不智（知）小大，斷之，入材一寸而得平一尺，問材周大幾可（何）。即曰，半平得五寸，令相乘也，以深一寸【爲法】，如法得一寸，有（又）以深益之，即材徑也。⑥（《數》213-214）

《算數書》中的"益"表示 3/7 銖金增加多少銖可以得到 7/9 銖，計算的實質上是做減法，數量多的 7/9 銖減去數量少的 3/7 銖，餘數就是需要增加的銖數。

---

① 本文所引用《九章算術》算題無特殊說明均出自郭書春《九章算術新校》，北京：中國科學技術大學出版社，2014 年。
② 韓巍：《北大秦簡〈算書〉土地面積類算題初識》，《簡帛》（第八輯），上海：上海古籍出版社，2013 年，第 37 頁。
③ 韓巍：《北大秦簡〈算書〉土地面積類算題初識》，第 37 頁。
④ [日]中國古算書研究會：《北京大學『算書』の里田術と徑田術について》，大阪產業大學論集·人文社會科學編》（23），2015 年，第 133 頁。
⑤ 本文所引用《算數書》簡文無特殊說明均出自張家山二四七號漢墓竹簡整理小組《張家山漢墓竹簡（二四七號墓）》，北京：文物出版社，2001 年。
⑥ 本文所引用《數》簡文無特殊說明均出自朱漢民、陳松長主編《嶽麓書院藏秦簡（貳）》，上海：上海辭書出版社，2011 年。

《數》算題的含義是已知下圖 AB（深）、CD（平）的長度，求圓的直徑，計算公式爲：

$$徑 = \frac{\frac{1}{2}平2}{深} + 深$$

"益"用法與《算數書》相似，表示用"深"增加前一步的數值。所以"益"在這種情況下雖然表示的計算過程是做加法，但詞語的含義仍然是"增加"，與直接的"加法"有別。

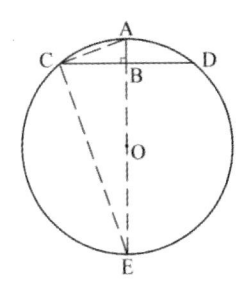

（3）"從"

算術書中表示加法計算另一常見的術語是"從"，如：

芻一石十六錢，稾一石六錢，今芻稾各一升，爲錢幾可（何）？得曰：五十分錢十一。述（術）曰：芻一升百分錢十六，稾一升百分錢六，母同，子相從。（《數》73-74）

合分術曰：母相類，子相從；母不相類，可倍、倍，可三、三，可四、四，可十、十，子亦輒倍如母。[①]（《算術 58》）

合分術曰：母互乘子，並以爲實。母相乘爲法。實如法而一。不滿法者，以法命之。其母同者，直相從之。（《九章算術·方田》）

以上算題都是"合分"術，《數》《算術》的"從"表示分母相同的話，分子相加，《九章算術》的"從之"也是相似含義。但是《九章算術》的"從之"除了表示加法，還有其他含義：

又有田廣十八步七分步之五，從二十三步十一分步之六，問爲田幾何。答曰：一畝二百步十一分步之七。大廣田術曰：分母各乘其全，分子從之，相乘爲實。分母相乘爲法。實如法而一。（《九章算術·方田》）

"大廣田"中的"分子從之"表示分子做與分母相似的運算，即"各乘其全"，其實是通分的過程，與加法無關。

---

① 蔡丹、譚競男：《睡虎地漢簡中的〈算術〉簡冊》，《文物》，2019 年第 12 期。

二、減法

（1）"減"

出土文獻中"減"字較少使用，用例如"減田""減分"：

取程五步一斗，今乾之一斗一升，欲減田令一斗。得曰：減田十一分步五。術（術）曰：以一斗一升數乘五步。令十一而一。（《算數書85》）

䎓（增）減分增分者，增其子。減分者，增其母。（《算數書13》）

《九章算術》中"減"字多見，如：

今有九分之八，減其五分之一，問餘幾何。答曰：四十五分之三十一。又有四分之三，減其三分之一，問餘幾何。答曰：十二分之五。減分術曰：母互乘子，以少減多，餘爲實。母相乘爲法。實如法而一。（《九章算術·方田》）

《算數書》的"減田""減分"與《九章算術》的"減分"，都與前文中的"益"相似，表示"減少"含義，使田地減少，分數減小，與四則運算的做"減法"有一定差別。而《九章算術》的"以少減多"的"減"則表示四則運算的減法，在出土算術書中常用作"以少除多"，見下文。

（2）"除"

其述（術）曰：直（置）上下數，以少除多，以餘爲衰貫（實），直（置）節數除一焉以命之。（《數》150-151）

約分術曰：以子除母，母亦除子，子母數交等者，即約之矣。（《算數書》17）

約分術曰：以子除母，母亦除子，子母數交等者，即以約之矣。[1]（《算術》63）

"以少除多"的含義即上文《九章算術》"約分"術的"以少減多"，表示多的減去少的，"以子除母""母亦除子"也是做減法，即傳統算術中的"輾轉相除法"，通過分子、分母交替相減，求出最大公約數進而約分。

《九章算術》中也有保留"除"的減法含義的用例：

今有客馬，日行三百里。客去忘持衣。日已三分之一，主人乃覺。持衣追及，與之而還；至家視日四分之三，問主人馬不休，日行幾何。答曰：七百八十里。術曰：置四分日之三，除三分日之一，半其餘，以爲法。副置法，增三分日之一。以三百里乘之爲實。實如法，得主人馬一日行。（《九章算術·均輸》）

劉徽在《九章算術注》中有："除即減也"。從出土算術書與《九章算術》關於"除"到"減"的用法變化可以看出，秦漢早期往往用"除"表示四則運算的減法，大約是到《九章算術》統一用法時，用"減"表示四則運算的減法才穩

---

[1] 蔡丹、譚競男：《睡虎地漢簡中的〈算術〉簡冊》，《文物》，2019年第12期。

定下來，但仍然保留了一些"除"字。而到劉徽注《九章算術》時，"除"表示"減"已經有些"古奧"，所以需要單獨説明。

三、除　法

（1）"除"

用"除"表示除法是《九章算術》的常見用法，如：

方田術曰：廣從步數相乘得積步。以畝法二百四十步除之，即畝數。（《九章算術·方田》）

出土算術書中也能見到一些用例，如：

即耤直（置）田二百卌步，亦以一爲若干，以爲積步。除積步，如法得從（縱）一步。（《算數書》165）

以上兩段都是用 240 除"積步"，即 240 是除數，"積步"是被除數，《九章算術》是面積的單位換算，《算數書》是"少廣"算題已知面積、"廣"，求"縱"。

（2）"如"

出土算術書更常見的除法術語是"如"，如：

金賈（價）兩三百一十五錢，今有一朱（銖），問得錢幾何。曰：得十三錢八分一。術（術）曰：直（置）一兩朱（銖）數以爲法，以錢數爲實，實如法得一錢。（《算數書》46）

《九章算術》中也大量出現，如：

經分術曰：以人數爲法，錢數爲實，實如法而一。有分者通之。重有分者同而通之。

"實如法"是常見的算術術語，表示被除數除以除數，即分子除以分母，"如"是做除法的意思，"實如法而一"表示被除數被除數除盡，没有餘數。

"如"在早期秦漢算術書中一般表示除法，稍晚的算術書中還有表示乘法的用例。

四、乘　法

（1）"如"

里耶秦簡《九九乘法表》中有"三三而九"，即我們今天乘法口訣中的"三三得九"，在《孫子算經》中作"三三如九"。張家界古人堤漢簡"九九乘法表"

殘表有"二五如十"[1]，整理者指出簡牘據年號大致可以判斷爲東漢時期遺物，因此"如"作爲乘法使用可能早至東漢。

（2）*之

算術書中常用"*之"表示乘以*，如粟米類算題：

> 粟求粺，廿七之，五十而一。（《算術書》111）
> 以粟求粺，卅〈廿〉七之，五十而成一。（《數》96）
> 粟求粺，廿七之，五十而一。[2]（《算術》84壹）
> 以粟求粺米，二十七之，五十而一。（《九章算術·粟米》）

粟米類算題常見以上固定格式，這幾段簡文的意思是用粟換算成粺，乘以27再除以51。

（3）不用術語的乘法

出土算術書中還有一種特殊的乘法，不需要術語，如：

> 五人分七錢、少半、半錢。人得一錢卅分錢十七。術曰：下〖有〗三分，以一爲六，即因而六╚，人以爲法，亦六錢以爲實。（《算數書》23-24）

《算數書》的這道算題在"即因而六"與"人以爲法"中間有一勾識符號，既起到了句讀的作用，以免"六""人"連讀，同時也可以表示"六之"的含義，即乘以6。

五、小　結

劉徽在《九章算術注·序》中記述有："漢北平侯張蒼、大司農耿壽昌皆以善算命世。蒼等因舊文之遺殘，各自刪補。故校其目則與古或異，而所論者多近語也。"[3]這段話包含了兩個重要信息，一是《九章算術》的整理者是張蒼、耿壽昌等人；[4]二是劉徽除《九章算術》之外還見過一些"舊文"，與《九章算術》有異，《九章算術》"多近語"。[5]張蒼是秦至漢初人，漢文帝時爲丞相，《史記·張蒼丞相列傳》有："張丞相蒼者，陽武人也。好書律曆。秦時爲御史。""蒼與絳侯等尊立代王爲孝文皇帝。四年，丞相灌嬰卒，張蒼爲丞相。"[6]目前可以確定

---

[1] 湖南省文物考古研究所、中國文物研究所：《湖南張家界古人堤遺址與出土簡牘概述》，《中國歷史文物》，2003年第2期。
[2] 蔡丹、譚競男：《睡虎地漢簡中的〈算術〉簡冊》，《文物》，2019年第12期。
[3] 郭書春：《九章算術新校》，北京：中國科學技術大學出版社，2014年，第3頁。
[4] 學界對《九章算術》的成書年代早晚有不同看法，本文不展開討論，僅據劉徽注提出一定推測。
[5] 這可能也是劉徽注一定程度上甚至比《九章算術》本文還要難讀的原因之一。郭書春對劉徽注的複雜性有過討論，詳見郭書春《九章算術新校》，第44-45頁。
[6] 〔漢〕司馬遷：《史記》，北京：中華書局，1959年，第2675、2680頁。

下葬年代的兩批算術材料中，張家山漢簡《算數書》"成書年代的下限是西漢吕后二年"①，雲夢睡虎地漢簡《算術》的墓主"約在文帝後元七年去世"②。這兩種文獻與《九章算術》的形成年代其實非常接近了，但是僅從四則運算術語這樣一個小問題上就可以明顯看出《九章算術》術語整齊、出現較晚。因此，出土秦漢算術的底本來源應該很多是先秦算術書，到《九章算術》時整體改用漢代體例書寫。此外，目前已知的四種整批出土算術書中，三種的簡牘數量都在 200 支左右，③也反映出先秦至漢初，算術書面貌雖與《九章算術》不能比擬，但也已經有比較穩定的篇幅與結構，并不是拼凑起來的算題集。以上對於我們全面看待早期算術文獻這樣一種典籍類型有一定啟發，在更多材料公布後，相信對算術書的形成、發展過程我們還將有更多認識。

---

① 彭浩：《張家山漢簡〈算數書〉注釋》，北京：科學出版社，2001 年，第 4 頁。
② 熊北生、陳偉、蔡丹：《湖北雲夢睡虎地 77 號西漢墓出土簡牘概述》，《文物》，2018 年第 3 期。
③ 北京大學藏秦簡《算書》的數量較多，但可能存在不同的文體影響了篇幅，如《田書》。另外《算書》還未完整公布，具體面貌還有待研究。

安大簡《詩經》札記兩則

史大豐[①]

【摘要】安大簡"敠"爲逑（勼、鳩）聚之"逑（勼）"。在《兔罝》裏通假爲"逵"，"逑""勼"與"逵"都是群紐幽部字，讀音相同而通假；《毛詩》中的"不稼不穡"，安大簡《伐檀》裏寫作"不稼不敠"，"敠（鳩）"與"穡"皆爲"收"義，爲同義換用的异文。《毛詩·周南·葛覃》的"是刈是濩"，安大簡本"濩"作"穫"，"薄汙我私"的"汙"，簡本亦作"穫"，《毛傳》作"汙"當是正字，而簡本作"穫"是通假字，它可讀爲"濩"，但與"是刈是濩"的"濩"意義不同。

【關鍵詞】安大簡；詩經；穡；穫；濩

一、安大簡《詩經》中相當於"逵"與"穡"的字

安大簡《詩經》的《兔罝》篇中，相當於《毛詩》"中逵"的"逵"字寫作"敠"，原字形作：

簡 13

在《伐檀》中相當於"穡"的字出現了三次，分別隸定作"敠""敠"，原字形作：

簡 77 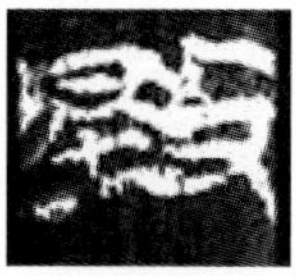　　簡 78 　　簡 79

---

* 本文是國家社會科學基金重大項目"中華簡帛文學文獻集成及綜合研究"（項目編號：15ZDB065）的階段性成果。
① 史大豐：棗莊學院文學院副教授，文學博士，從事文化語言學研究。

《兔罝》中的字，整理者的字形分析是："從'戈'，'甾（𡿺）'聲。上古音'𡿺'屬莊紐之部，'逵'屬群紐幽部，二字韻部旁轉。疑簡本'戬'當從《毛詩》讀爲'逵'。"①《伐檀》中的字，整理者的字形分析是："從'攴'從'土'（或累增飾符'口'），'𡿺'聲（徐在國說）。上古音'穧'屬山紐職部，'𡿺'屬莊紐之部，聲紐一系，韻部陰入對轉，故可通。"②此後，又有不少關於此字形的討論，如布之道認爲此字形左上部的部分是"來"的變形，③潘燈認爲"敿、斅、戬三字應爲一字之异，因在楚文字當中，義符'攵（攴）'與'戈'可互換，它們左上角之構形，或與巢、史、叀、敼等字有關。所述究竟何字，還有待探討。"④潘燈認爲此三字爲一字之异構當可從，但是此字左上部是否是"𡿺"尚可討論。在《伐檀》中"斅"非韻脚字，和《毛詩》對照它應該是"穧"；而在《兔罝》中它却是個韻脚字，相當於《毛詩》的"逵"。"穧""逵"無論是聲還是韻都有較大差距，用同一個字表示兩個音義完全不同的字，這是很讓人費解的。那麼最大的可能是二者之中出現了异文的情況。筆者認爲异文不是出在《兔罝》裏，而是出在《伐檀》裏。

　　楚文字中不見有獨體的"𡿺"字，秦文字中寫作"𡿺"（先秦編613）或"𡿺"（里耶8-1107），⑤前者上面從的是《說文》中釋"缶也"的"𠙹"，此字後來作爲文字偏旁時多作"甾"或"由"形，如"畬""貯""酤"等字，或寫作"畬""𡿺""𡿺"等。里耶簡中的字形，上面是從《說文》古文"貴"的"臾"字，其實是在"𡿺"下面加了個"人"形筆劃而成，"貴"字從此，秦文字寫作"貴"（雲夢.答問853）、"貴"（北大.太原）等；楚文字的寫法作"貴"（上博一.緇22）、"貴"（郭店.老甲29）、"貴"（郭店.緇衣22）、"貴"（郭店.緇衣44）、"貴"（清華四.筮法54）等，⑥和秦文字對照可以知道，在作爲文字偏旁的時候"𡿺"和"臾"字每混用無別，"曰"形兩邊沒有飾筆的是"𡿺"，帶飾筆的是"臾"。

　　另外一個就是潘燈提到的"叀"字，此字在出土文獻中一般用爲兒冕之"兒（弁）"，春秋時期的侯馬盟書中有多種寫法，如"叀"（3：8）、"叀"（16：16）、"叀"（1：87）、"叀"（200：7）、"叀"（1：40）⑦楚文字中因襲了這類寫法，寫作"叀"（清華一.金縢10）、"叀"（上博四.柬6）、"叀"（上博二.

---

① 黃德寬、徐在國主編：《安徽大學藏戰國竹簡（壹）》，上海：中西書局，2019年，第80頁，注[四]。
② 黃德寬、徐在國主編：《安徽大學藏戰國竹簡（壹）》，第121頁，注[四]。
③《安大簡〈詩經〉初讀》（下簡稱《初讀》），193#發言，武漢大學簡帛網（http://www.bsm.org.cn/forum.php），2019年11月12日。
④《初讀》，194#發言，武漢大學簡帛網（http://www.bsm.org.cn/forum/forum.php），2019年11月12日。
⑤ 徐在國、程燕、張振謙：《戰國文字字形表》，上海：上海古籍出版社，2019年，第1728頁。
⑥ 徐在國、程燕、張振謙：《戰國文字字形表》，第854頁。
⑦ 吳國升：《春秋文字字形表》，上海：上海古籍出版社，2017年，第397-398頁。

從甲 17），晉文字裏寫作"▨"（玉璜）或"▨"（集粹 153）①這個字雖然被用爲"兌"，但是它的本義與兌冕無關，這個字是"畚"的初文，象手持畚形或人戴畚形，畚這種器物可以手持，也可以頂在頭上，《說苑·至公》："見老丈人載畚乞焉"，《列女傳·楚老萊妻》："其妻戴畚萊、挾薪樵而來"，"載""戴"古通用。上面的部分就是畚的象形，《說文》："畚，䇹屬，蒲器也，所以盛穜。從甾弁聲。"上面的"弁"就是畚。"畚""弁"同幫紐雙聲、文元旁轉迭韻音近，"畚"本應該讀"弁"，所以被借用爲"兌（弁）"，後來音轉入文部。

由上字形可以知道，實際上作"▨"形的是"甾"，也就是小篆裏的"▨"；"▨"是"弁（畚）"，甲骨文寫作"▨"（合 36535），匐簋中的"▨"字《殷周金文集成》釋文釋作"弁"是正確的。②下面帶兩足形的若"▨"的是"甹"，比如甲骨文中有常見的祭名作"▨"（合 36270），或寫作"▨"（合 38263）、"▨"（合 35417），這個字一般從于省吾釋"甗"，其實"皀"上面所從的部分是像甾有足，是"甹（饋）"字，這個字就是古書裏常見的"饋"，它下面還會把"皀"形寫得和"叀"（卜辭中用同"惟"）相同，上引第三個字形徑直在"叀"上加橫筆而成，應該是表聲，即"饋"或從"叀"聲，二者都是微部字。

因爲"甾""畚""甹"的形體過於相似，所以在作爲文字的偏旁時常被混用不别。其共同點是在"曰"形中間有一豎筆或上面帶有一個"卜"或"丨"形的筆劃，但是安大簡此字左上部所從的都作"▨"形，既没有豎筆也没有"卜"形，很難認爲此字是"甾"。

"𤰞"下面是"土"表意，那麼這種器物的確應該是古代的盛土器，它很可能就是"虆"。《說文》"捄，盛土於梩中也。一曰擾也。《詩》曰：'捄之陾陾。'"段注："《木部》曰：'梩者，徙土輂也。或作梩。'《大雅》：'捄之陾陾'，《傳》曰：'捄，虆也。陾陾、衆也。'箋云：'築牆者抔聚壤土，盛之以虆而投諸版中。'《孟子》虆、梩并言，趙曰：'虆梩，籠臿之屬，可以取土者也。'許説專爲釋《大雅》而言。"桂馥《義證》云："《詩》曰：'捄之陾陾'者，《大雅·綿》文，《傳》云：'捄，虆也。'《箋》云：'捄，抔也。築牆者抔聚壤土，盛之以虆而投諸版中。'《釋文》：'虆，字或作樏，或作蔂。劉熙云：盛土籠也。'或作'筷'，《廣韻》：'筷，籠也。'"《説文》："梩，舁也。從木㠯聲。一曰徙土輂，齊人語也。梩，或從里。"段玉裁於"一曰徙土輂"下注云："此别一義。謂梩即欙，孫奭《孟子音義》云：'梩，土轝也。'本此。《廣韻》曰：'梩，裡之切。徙土轝。出《六韜》。'"作爲"徙土轝"的"梩"當是"虆"的雙聲音轉，"虆"即"欙"，《説文》："欙，山行所乘者。從木纍聲。《虞書》曰：'予

---

① 徐在國、程燕、張振謙：《戰國文字字形表》，第 1243 頁。
② 中國社會科學院考古研究所編：《殷周金文集成（修訂增補本）》第四册，上海：中華書局，2007 年，第 2697 頁。

乘四載。'水行乘舟，陸行乘車，山行乘欙，澤行乘輴。"段注："《河渠書》作'橋'，丘遙反。徐廣曰：'一作華。幾玉反。華、直轅車也。'《漢書》作'桐'，韋昭曰：'桐，木器也。如今輿床，人舉以行也。'應劭曰：'桐或作欙，爲人所牽引也。'《尚書正義》引尸子：'山行乘欙。'《僞孔傳》亦作'欙'。按輂、桐、橋三字同，以桐爲正。橋者，音近轉語也。欙與桐一物異名，桐自其盛載而言，欙自其挽引而言。纍，大索也，欙從纍，此聲、義之皆相倚者也。應釋欙、韋釋桐皆是，兼二說而後全。《孟子》'虆梩'，趙云：'虆，籠屬。'《毛詩傳》：'捄，虆也。'亦謂土籠，舁之曰桐，入引之而行則曰欙也。虆者欙之假借字。或省作樏者，非也。《毛詩》之'捄'亦'桐'之假借字也。""虆"是抬土用的筐子，用虆盛土、運土即"捄"，因而"虆"也稱"捄"，後起字就是《廣韻》裏訓"籠"的"篅"。筆者認爲"豊"上面所謂的"甾"應該就是虆的象形，即土筐，它和甾、畚、賁都是形狀差不多的器物，祇是用法不同。此字形是從虆從土會意，表示用虆盛土，即"捄"的表意字。"捄"在古書裏有兩種讀音，一個是《說文》注音的舉朱切，古音是見紐侯部，《廣韻·上平聲·拘韻》音同，訓"盛土。《詩》云：'捄之陾陾。'"此即段玉裁所說"《毛詩》之'捄'亦'桐'之假借字也"。"桐"《說文》作"𦥑"，本當讀若"跔"或"俱"，後音轉爲見紐屋部音。《下平聲·裘韻》音巨鳩切，古音是群紐幽部，訓"長皃。《詩》曰：'有捄棘匕'，《傳》云：'捄，長皃。'"蓋侯、幽二部旁轉迭韻最近，故而相轉。那麼可以知道，"𣪘"或加"口"作"𣪘"，"口"并非是單純的飾符，應該是加的聲符，"口"古音溪紐侯部也。

那麼，"𣪘"從攴或從戈，表示其與戎事有關，它很可能是《說文》中的"逑"或"勼"的異體字，段玉裁於《說文》"鳩"字下注云："經傳多假'鳩'爲'逑'、爲'勼'，《辵部》曰：'逑，斂聚也。'《勹部》曰：'勼，聚也。'"古人逑集眾人每與戎事有關，故字從"攴"或"戈"。在楚文字中述（仇）匹之"述（仇）"寫作"𣪘"，如《毛詩》之《關雎》中"君子好逑"的"逑"和《兔罝》中"公侯好仇"的"仇"，安大簡本均寫作"𣪘"，而"𣪘"則爲逑（勼、鳩）聚之"逑（勼）"。在《兔罝》裏通假爲"逵"，"逑""勼"與"逵"都是群紐幽部字，讀音相同而通假。

那麼可以知道，《毛詩》中的"不稼不穡"，安大簡《伐檀》裏是寫作"不稼不述"，應該是異文。《說文》："穡，穀可收曰穡。"段注："《毛傳》曰：'斂之曰穡。'許不云'斂之'云'可收'者，許主謂在野成孰。不言'禾'言'穀'者，晐百穀言之，不獨謂禾也。古多叚'嗇'爲'穡'。"《大雅·桑柔》："稼穡卒痒"鄭箋："收斂曰穡。"《齊民要術·種穀》引楊泉《物理論》曰："收斂曰穡。穡猶收也。"《漢書·五行志上》："土爰稼穡"，顏注："收聚曰穡。"《爾雅·釋詁》："斂、收、鳩，聚也。""鳩"即"逑"，可知"穡""斂""收"

"鳩（逑）""聚"意思是一樣的，《廣雅·釋詁一》："䎽，積也"，指收集、聚積之意。"逑"在安大簡《伐檀》裹也可能直接讀爲"收"，如出土文獻中"朻""糾"（均見紐幽部）與"逑"（群紐幽部）都是牙喉音字，而與"收"字通假，①那麼"逑"自然也可讀爲"收"。"不稼不逑"即"不稼不收"，這屬於同義字的替換，而義不殊。在古書中"稼穡"連言常見，但不見有"稼收"連言的，應該是《詩》本作"穡"，而抄寫者覺得"穡"就是"收"，所以寫成了音近的"逑"。這種同義互用的現象，在安大簡《詩經》的第一篇《關雎》裹就出現了，它把"寤寐"寫成"俉㝱（寢）"，整理者指出"因'寢''寐'互訓，意義相同，於是'寤寢'就變成了'寤寐'"。②"穡"與"逑（收）"是一樣的情況。

二、安大簡《葛覃》中的"穫"

《毛詩·周南·葛覃》中"是刈是濩"，安大簡本"濩"作"穫"，整理者云："'穫'，'穫'之異體。古代'刈'與'穫'互訓，《玉篇》：'刈，穫也。'《詩·小雅·大東》'無浸穫薪'，毛傳：'穫，艾（刈）也。''刈穫'二字可連用，是收割、收穫的意思。毛傳：'濩，煮之也。精曰絺，麤曰綌。'《爾雅·釋訓》：'是刈是濩：濩，煮之也。'《釋文》：'《韓詩》云：濩，瀹也。'馬瑞辰《毛詩傳箋通釋》：'《傳》本《釋訓》，濩即鑊之假借。……鑊所以煮，因訓鑊爲煮。'《說文·水部》：'瀹，漬也。'《通俗文》：'以湯煮物曰瀹。''瀹'與'煮'義近。'濩'字多訓爲'煮'，或讀爲'鑊'，《毛詩》作'濩'，多訓爲'煮'，於文意欠妥。當從簡本作'穫'。"③徐在國在文中指出"刈"與"穫"互訓，因此"我們把《詩·周南·葛覃》中的'是刈是濩'之'濩'，讀爲'穫'，恰可與前面的'刈'構成同義關係，正所謂'統言則同，析言則異'。"④

單從文句和用字上來看，讀"是刈是穫"的確比較順，《藝文類聚》卷八十五引張翰《豆羹賦》曰："是刈是穫，充筥盈簏。"第一句大概就是本於《葛覃》，則西晉時期的張翰就是把"濩"讀爲"穫"。但是如果統觀《詩》之用字情況則有疑焉，《毛詩》全書"穫"字共出現了 10 次之多，可見是個常用字，却唯獨於《葛覃》這裹用"濩"，而且是全書唯一的一次，何不與其他字統一？最奇特的是《爾雅·釋訓》專門爲"是刈是濩"句做出解釋，指出"濩"是"煮之"的意思，同音的"鑊"便是古代煮牲肉的烹飪器，音義皆通。可能當時此字有作"濩"者，

---

① 白於藍：《簡帛古書通假字大系》，福州：福建人民出版社，2017 年，第 180 頁。
② 黃德寬、徐在國主編：《安徽大學藏戰國竹簡（壹）》，上海：中西書局，2019 年，第 71 頁。
③ 黃德寬、徐在國主編：《安徽大學藏戰國竹簡（壹）》，第 73 頁，注[八]。
④ 徐在國：《〈詩·周南·葛覃〉"是刈是濩"解》，《安徽大學學報》，2017 年第 5 期。

亦有如安大簡本作"穫"者，而《爾雅》的作者認爲這裏的"濩"不是刈穫之"穫"，怕人誤解，故特別予以解釋，《毛傳》因之，自然也是認爲這個"濩"與刈穫之"穫"非一事。

同時，安大簡《葛覃》下文"薄汙我私"的"汙"也是作"穫（穫）"，整理者云："'穫''汙'二字聲紐均屬喉音，韻部魚鐸對轉。毛傳：'汙，煩也。'鄭箋：'煩，煩撋之，用功深。'高亨《詩經今注》：'汙，當是浸在水裏，與漚字同意。《説文》：漚，久漬也。'據高注，頗疑簡本此處'穫'應該讀爲'濩'。《毛詩·葛覃》'是刈是濩'，《釋文》引《韓詩》：'濩，瀹也。'《説文·水部》：'瀹，漬也。'段注：'此蓋謂納於污濁也。'"①此説近是，"濩"不僅與"汙"音近，意思也相同，《廣雅·釋詁三》："濩，汙也。"王念孫《疏證》："濩者，下文云：'穫，辱也。'穫與濩義相近。《楚辭·漁父》：'又安能皓皓之白而蒙世之溫蠖乎？'蠖與濩義亦相近。陳氏觀樓云：'溫蠖，即'汙'之反語也'。"②"濩"訓"汙"即"瀹"義，亦即段玉裁説的"納於污濁"，此可知"濩""汙"音近義同，簡本之"穫"確當爲"濩"之假借字，那麼反而可以證明前面的"穫"亦是"濩"的通假字，可能簡本"濩""汙"所據底本均作"濩"，故皆通假寫作"穫"。

"濩""刈"雖然古書每連言，但是這裏的"濩"據《爾雅》《毛傳》非是收割義，《説文》："乂，芟艸也。刈，乂或從刀。"段注："《禾部》曰：'穫，刈穀也。'是則芟艸、穫穀總謂之乂。""刈"本身就涵蓋了收割義，故又言煮葛之"濩"。因爲葛要析成縷做成絺綌，要先煮去外皮，就像治麻要先漚去外皮一樣。孔穎達《疏》云："葛既成就，已可采用，故后妃於是刈取之，於是濩煮之。煮治已訖，後妃乃緝績之，爲絺爲綌。"《毛詩多識》卷一云："（葛）煮去外皮，內皮色白，剝之成縷，名葛麻，古之絺綌皆葛麻績綫爲之。"③凡言"煮"者皆謂此"濩"也。蓋刈謂收割，"濩"謂煮去外皮，是古人用葛的兩道工序，并非均言收割，《爾雅》舍人注："是刈，刈取之。是濩，煮治之"是也。所以感覺簡本之"穫"，仍當以從《毛詩》作"濩"訓"煮之"爲是。

再來說說"薄汙我私"的"汙"，簡本也作"穫"。《毛傳》："汙，煩也。"《鄭箋》："煩，煩撋之，用功深。"《經典釋文》引阮孝緒《字略》云："煩撋，猶挼莎也。"④《周禮·考工記·鮑人》鄭玄注"謂親手煩撋之"，孫詒讓《正義》云："煩撋、挼莎并用兩手上下摩揉之謂。"⑤後人認爲《毛傳》說的"煩"就是

---

① 黃德寬、徐在國主編：《安徽大學藏戰國竹簡（壹）》，第73頁，注[一]。
②〔清〕王念孫：《廣雅疏證》，北京：中華書局，1983年，第83頁。
③〔清〕多隆阿：《毛詩多識》，《續修四庫全書》第72冊，上海：上海古籍出版社，2002年，第567頁。
④〔唐〕陸德明：《經典釋文》，北京：中華書局，1983年，第54頁。
⑤〔清〕孫怡讓：《周禮正義》，北京：中華書局，1987年，第3291頁。

"煩擶"，也就是揉搓，今所謂"搓洗"者。但是"汙"訓"煩"找不到合理的證據，而且"煩"本身是"多"，沒有揉搓的意思；馬瑞辰云："《左氏·昭元年傳》'處不辟汙'，杜注：'汙，勞事。'勞與煩同。"①事煩則勞，意思相貫，也没有揉搓的意思。"擶"才是揉搓，《廣韻·下平聲·仙韻》："擶：摧物也"是其義。"煩擶"就是多次揉搓或反復揉搓，可煩是煩，擶是擶，二字本没有意義上的關聯，説"煩"是"煩擶"有增字解經之嫌，故《正義》別釋之云："汙、澣相對，則汙亦澣名，以衣汙垢者，澣而用功深，故因以汙爲浣私服之名耳。"

《毛傳》説"汙"是"煩"義，可能是想説"汙"這種洗衣方式比"澣"複雜費事，并不是"汙"訓"煩"，就和杜預説"煩"是"勞事"差不多。《正義》説"汙"也是"澣"的意思，從文意上看無疑是對的，但是孔穎達又找不出合理的訓釋；宋代人認爲"汙"是"治汙"的意思，這大概是王安石的首創，王安石在《周官新義》卷二中説："治汙謂之汙，治荒謂之荒，治亂謂之亂，治擾謂之擾，則治弊謂之弊矣。"②他説的"治汙謂之汙"應該就是指的《葛覃》中"薄汙我私"的"汙"。此説被宋代一些説《詩》者采用，如段昌武《段氏毛詩集解》於《毛傳》"汙，煩也"下注引王（安石）曰："治汙謂之汙，猶治亂謂之亂，治荒謂之荒。"③宋楊簡在《慈湖詩傳》卷一中釋《葛覃》之"汙"亦云："治亂謂之亂，治擾謂之擾，故治汙謂之汙。"④《康熙字典·巳集上·水部》於"汙"下云："一曰去垢汙曰汙"，可能是本宋人之説。

高亨認爲"汙"是"泡在水裹"，⑤要比釋爲"煩"更合理。簡本作"穫（穫）"，整理者指出應該讀爲"濩"，是"淪""漬"的意思，也近之。《毛傳》作"汙"當是正字，而簡本作"穫"是通假字，它可讀爲"濩"，但與"是刈是濩"的"濩"意義不同。先秦時期説洗濯的"汙"很可能是指古代的和灰清洗，《周禮·地官·掌炭》："掌灰物、炭物之征令"，鄭玄注："灰給澣練"，孫怡讓《正義》："云'灰給澣練'者，《説文·水部》云：'澣，濯衣垢也。'澣即澣之俗。謂以灰濯布縷，若《雜記》説總加灰爲錫，《深衣》注謂用十五升布鍛濯灰治是也。練謂以灰湅絲帛，若《㡛氏》'湅絲以涗水'，注謂用灰沸水，又湅帛以欄爲灰是也。"⑥灰是用來洗濯練的洗滌劑，古人没有肥皂、洗衣粉，主要用草木灰，草木灰中含有碳酸鉀，有去汙作用；還有用含鹼性的土來洗衣服的，如《藝文類聚》卷八四引《南州異物志》："自然灰狀如黄灰，生南海濱，亦可澣

---

① 〔清〕馬瑞辰：《毛詩傳箋通釋》，北京：中華書局，1989 年，第 39 頁。
② 〔宋〕王安石：《周官新義》，《景印文淵閣四庫全書》第 91 冊，臺北：臺灣商務印書館，1986 年，第 26 頁。
③ 〔宋〕段昌武：《段氏毛詩集解》，《景印文淵閣四庫全書》第 74 冊，臺北：臺灣商務印書館，1986 年，第 460 頁。
④ 〔宋〕楊簡：《慈湖詩傳》，《景印文淵閣四庫全書》第 73 冊，臺北：臺灣商務印書館，1986 年，第 10 頁。
⑤ 高亨：《詩經今注》，上海：上海古籍出版社，1980 年，第 4 頁。
⑥ 〔清〕孫怡讓：《周禮正義》，第 1216 頁。

衣。"蓋這種土含城量大，可以和灰一樣用來洗衣服，所以也稱"灰"。

《禮記·内則》云："冠帶垢，和灰請漱；衣裳垢，和灰請澣。"鄭玄注："手曰漱，足曰澣。和，漬也。"《正義》云："以冠帶既尊，故以手漱之，用力淺也。衣裳既卑，故以足澣之，用力深也。""足"與"手"爲對文，所以《正義》認爲"澣"是用足洗。而《春秋公羊傳·莊公三十一年》徐彦《解》云："注'去垢曰浣'者，蓋用足物，是以舊説云'用足曰浣'是也。"徐彦認爲"足"是"足物"，也就是《廣韻·去聲·遇韻》："足，足添物也"之"足"，是指洗滌時的添加物，當是指作去汙劑用的灰。也就是"漱"是單純的用手水洗，"澣"則是添加去汙劑（灰）來洗。

"漱"《説文》作"涑"，云："澣（澣）也。"段注："涑，亦假漱爲之。《公羊傳》：'臨民之所漱浣也'，何曰：'無垢加功曰漱，去垢曰浣。齊人語。'解云：'無垢加功，謂但用手斗漱。去垢蓋用足物。故《内則》云：冠帶垢，和灰請漱；衣裳垢，和灰請澣。鄭云：手曰漱，足曰澣是也。'若然，則'涑'與'澣'别。而許不别者，許渾言、何析言也。《毛詩·周南》箋云：'汙，煩也。煩撋之用功深。澣謂濯之耳。'是則'澣'對'汙'言，又分深淺。實則何之'去垢'即《毛詩》之'汙'，何之'無垢加功'即《毛詩》之'澣'。古人因義立文，後人當因文考義耳。"①在"漱""澣"上古人的説法也没定準，所以段玉裁説衹能"因文考義"。但是古人把洗衣服稱"汙（汙）"則大致可知：他們用草木灰來洗衣服，草木灰和在水中較污濁，衣服浸漬其中若污染之，故曰"汙（汙）"，當然也可以引申出除去污垢的意思。

是古代本以和灰洗濯曰"汙"，用於比較髒的衣服，所以段玉裁云"何之'去垢'即《毛詩》之'汙'"；僅用水濯洗曰"澣"，用於不太髒的衣服，洗濯一下讓它更乾淨，即段玉裁所言"何之'無垢加功'即《毛詩》之'澣'"。"澣"本是洗濯之通名，《説文》云："澣（澣），濯衣垢也"，"汙"也可以包含在内，所以《葛覃》下文衹説"害澣害否"，"澣"包括了前面的"汙"和"澣"。後來細分爲"漱"和"澣"，意義發生了變化，謂僅用手洗濯曰漱，加灰洗濯曰澣。簡本作"穫"通"濩"，據上引《廣雅》可知亦"汙"義，"汙""濩"音近義同，"是刈是濩"之"濩"《韓詩》釋"瀹也"，《説文》釋"瀹"爲"漬也"，段玉裁云"此蓋謂納於污濁也"，用在澣衣上當亦謂和灰洗濯，故"濩"亦得訓"汙"。

蓋稱和灰洗濯爲"汙"是春秋時古語，這種説法戰國時已經不行，到了漢代的《毛傳》已經不能詳知其義，而以"煩"釋之。

---

① 〔清〕段玉裁：《説文解字注》，上海：上海古籍出版社，1981年，第564頁。

"丫"，正象歧出的樹枝之形。另外，《類篇·木部》有"渠羈切"的"枝"字，引晉吕忱《字林》："横首枝也"，其异體或本字《廣韻·支韻》作"𣐽"，從支，束聲。①"𣏟"從丈，是聲。"束"爲清紐支部，"是"爲禪紐支部，聲紐皆爲齒音，韻部相同，可以相通。加上"支"和"丈"本爲一字分化（詳後），所以"𣐽"與"𣏟"很有可能是一字异體，"横首枝"即"横首杖"，這也是"枝"當"杖"講的一個適例。所以當"手脚之物"講的"枝"是一物兩用，手扶即爲手杖，脚踏即爲高蹺。

其次，包山二號墓北室出土的龍首杖，因其首是横龍形，李文認爲即是"横首杖"，但這并不能説明太多問題。因爲中華人民共和國成立後全國各地出土了許多上端飾以各種動物形狀的青銅杖首，這些動物形狀的杖首相對於杖身來説，大多都是横向的。②由於這些杖的功能與杖首爲非横向的杖没有太大差别，如果將它們全部看作是"横首杖"，那麽强調"横首"實在想象不出有何必要。實際上，"横首杖"并不是一般的手杖，而是杖首是一根短横木，與杖身垂直呈"T"形，供腿脚不方便的人們夾在腋下，起支撑身體、减輕腿脚負擔作用的助步工具。這樣解釋，"横首"二字才會顯得非常必要，若將其去掉，反而容易産生訛混，顯然武王在其上刻銘之"枳"絶非此"𣏟"。因此，今本《武王踐阼》中的"杖"字恐怕不能輕易被否定。

那麽接下來需要討論的問題是，"枝"與"杖"的關係究竟是一字分化，還是字形訛混？目前學界多傾向於字形訛混説。我們曾舉過許多例子證明"支"與"丈"是一字分化，③今再略做補充。

《説文》："丈，十尺也，從又持十。"關於"十"爲何物，林澐做過探討，他説：

> 確切無疑的丈字，目前以馬王堆帛書、竹簡及銀雀山竹簡上所見者爲最早。馬王堆帛書老子甲本中，十作十而丈作𠂇，丈字是否從十，不無可疑。戰國以前尚未見有從十從又之字（甲骨文十作丨，加又旁則與父及支不可區别）、先秦文字尚待探尋。④

由馬王堆老子及甲骨文字形，知"丈"所從并非虚化的數字"十"，而應是

---

① 聲符"束"，《集韻》等字書多訛爲與之形近的"朿"，但從"朿"與"枝"音、義皆不相符。"朿"訛爲"束"在典籍中習見，如"刺"常訛爲"剌"，《玉篇·刀部》《龍龕手鏡·木部》甚至將"剌"列爲"刺"的異體。

② 劉弘：《古代西南地區"杖"制考》，《四川文物》，2009年第2期；青海省湟源縣博物館、青海省文物考古隊、青海省社會科學院歷史研究室：《青海湟源縣大華中莊卡約文化墓地發掘簡報》，《考古與文物》，1985年第5期；大理白族自治州博物館：《雲南祥雲紅土坡14號墓清理簡報》，《文物》，2011年第1期；郭浩：《漢代王杖制度若干問題考辨》，《史學集刊》，2008年第3期。

③ 連佳鵬：《"爲長者折枝""植其杖而芸"合考——兼談上古時期的杖文化》，《孔子研究》，2013年第6期。

④ 林澐：《先秦古文字中待探索的偏旁》，吉林大學古文字研究室編：《古文字研究》第21輯，北京：中華書局，2001年，第362頁，又見《林澐學術文集》（二），北京：科學出版社，2008年，第178頁。

一個可持握的實物。詹鄞鑫對此曾提出一個很有啓發性的意見：

> 在商周古文字中未見"丈"字，而"十"的寫法或像一條木杖。這樣看來，"丈"的初形當爲手持木杖之形，表示用木杖或竹竿之類丈量長度。①

就字形的演變而言，我們同意"竹竿"的說法，這從出土文字資料中能充分地反映出來。睡虎地秦簡中的"支""丈"皆作支形，②張守中於"支"字下注云："《說文》作𢻱，'去竹之枝也。從手持半竹。'簡文'支'未從竹形，與'丈'字混同。"《法律答問》6號簡的"丈"字反而作支，上部從"半竹"，又與"支"字形體相同，張注云："簡文丈、支混同。"誠然，戰國文字中文字混同的現象比較常見，將"支""丈"兩字歸爲"混同"最爲簡單便捷，也容易讓大家接受，可事實恐并非如此簡單。

我們認爲，"支"與"丈"應爲一字分化，兩字本皆作支形，"從手持半竹"，後來由於社會的發展，將象竹枝的"ㄟ"形拉直作丈，來記錄語言中表示長度單位的"丈"這個詞。這種多義字通過筆劃上的細微改變，從而分化出一個新字來分擔部分職務的例子十分常見，如母—毋、巳—已、刀—刁、茶—荼、陳—陣、辨—辦等，③皆其證。據粗略統計，秦漢文字中的"支"字以及"支"旁作丈（丈）形者多達21例（包含睡虎地秦簡4例），④"丈"字在戰國以前的古文字資料中未見，睡虎地秦簡間作丈（支）形，這正好反映出兩者在分化初期互用不分的情況，若將它們全部看作訛混，顯然不符合事實。這種互用在傳世文獻中亦有所保留，如上文所說，"𣏂"與"𣏂"爲一字异體，意符一作"支"，一作"丈"，猶保留分化時的痕跡。同時兩字的訓釋也是相應的，"横首枝"即"横首杖"，"枝"與"杖"應該也是分化時隸定不同所致。又如今本《武王踐阼》有觴豆之銘："食自杖，食自杖，戒之憍，憍則逃。"簡本無之，但爲今本做注的盧辯爲南北朝人，證明該句的加入可能要早至秦漢時期，甚或更早一些（流傳的版本不同），這個時期正是文字隸變的關鍵階段。俞樾對這句話的按語云：

> 自杖之義與食不合，下文"無懋弗及，而曰我杖之乎"孔氏《補注》曰："杖，朱子謂別本作枝。今以韻讀之，當從枝字。"然則此文兩"杖"字疑亦"枝"字之僞。枝與支通。《保傅篇》："燕支地計衆"，注曰："支，猶計也。"食自杖者，每食必自計度，不過於醉飽也。⑤

---

① 詹鄞鑫：《近取諸身遠取諸物——長度單位探源》，《華東師範大學學報》（哲學社會科學版），1994年第6期。
② 張守中：《睡虎地秦簡文字編》，北京：文物出版社，1994年，第29、43頁。
③ 裘錫圭：《文字學概要》，北京：商務印書館，1988年，第226-227頁。
④ 漢語大字典字形編組：《秦漢魏晉篆隸字形表》，成都：四川辭書出版社，1985年，第200、374、946頁；羅福頤：《增訂漢印文字征》，北京：故宮出版社，2010年，第141頁；黃德寬主編：《古文字譜系疏證》，北京，商務印書館，2007年，第2020頁；袁毛正雄主編：《漢印文字彙編》，臺北：美術屋，第306、353頁。
⑤ 黃懷信：《大戴禮記彙校集注》下冊，西安：三秦出版社，2005年，第661頁。

這幾處"杖"又作"枝"應是分化未徹底的孑遺。引文中"支地計衆"一詞，《淮南子·氾論篇》作"度地計衆"，①即丈量土地、計算人口，此"支"也應看作是"丈"字與其分化未徹底的孑遺。再如，《文選·干寶〈晋紀總論〉》："杖策而去之"，劉良注："杖策，猶柱杖也。"②"杖策"亦作"枝策"，《莊子·齊物論》："師曠之枝策也。"司馬彪注："枝，柱也。策，杖也。"③"杖"與"枝"出現的語境及意義均相同，爲兩者本爲一字提供了很好的旁證。

總之，"枳"應讀爲"枝"，而"枝"與"杖"爲一字分化。也就是説，簡本的"枳"即今本的"杖"，其間的過渡是很自然的。古書中有很多在杖上勒銘的記載，④也可以間接説明"枳"即"杖"。

二、杖與銘文的關係

前文我們已經證明"枳"即"杖"，下面來談一談杖與其上銘文的關係。

武王所作諸銘巧妙地根據器物本身所具有的特點，來引出所要自警的事項。"例如：鑒銘'見爾前，慮爾後'，是以鑒盛水照人，衹能照見前面不能照見後背爲喻。盥盤之銘'與其溺於人也，甯溺於淵。溺於淵猶可遊也，溺於人不可救也'，是因盥盤可儲水，故以溺爲喻。"⑤杖銘自然也不例外。爲討論方便，先將銘文録之於下：

今本：惡乎危？於忿疐。惡乎失道？於嗜欲。惡乎相忘？於富貴。
簡本：惡危？危於忿疐。惡失道？失道於嗜欲。惡[忘？忘]於貴富。

今本與簡本衹是個別字詞不同，意思大體無异。盧辨注："……杖扶危，故以危戒也。杖依道而行之，言身杖相資也。因失道相忘，乃嗜欲安樂之戒也。"王應麟引真氏曰："……欲逞忿者有危身之憂，縱欲者有失道之辱。杖之爲物於以自扶，操之則安全有賴，舍之則顛躓可虞。富貴奢淫，易忘兢畏，於杖爲銘，是或此義。"⑥《古今事文類聚》引《太公金匱》載武王杖銘："輔人無苟，扶人無咎。"臣下輔佐天子，猶如"杖之爲物於以自扶"，兩者有相通之處。《論語·季氏》："危而不持，顛而不扶，則將焉用彼相矣？""危""顛"同義互見，亦是用杖作喻，可見"危"與"杖"的關係十分密切。"杖依道而行之"，則"失道"

---

① 〔漢〕劉安：《淮南子》，上海：上海古籍出版社，2016年，第320頁。
② 〔梁〕蕭統編，〔唐〕劉善、呂延濟等注：《六臣注文選》，北京：中華書局，1987年，第930頁上。
③ 〔晋〕司馬彪：《莊子注》，北京：中華書局，1991年，第442頁上。
④ 沈金浩：《"一枝藤杖平生事"——宋代文人的杖及其文化内涵》，《中國社會科學》，2007年第1期。
⑤ 劉洪濤：《試説〈武王踐阼〉的機銘》，武漢大學簡帛研究中心主辦：《簡帛》第5輯，上海：上海古籍出版社，2010年，第251頁。
⑥ 黄懷信：《大戴禮記彙校集注》下册，第659頁。

亦與"杖"相關。問題集中出現於"惡乎相忘？於富貴"一句，這也是本節討論的重點。

從句與句之間的關係來看，三個"惡乎"處於并列的地位，"危""失道"和"相忘"各代表杖本身具有的一個特點，彼此之間沒有因果相承關係，由這三個特點引出的"忿懥""嗜欲"和"富貴"是武王要自警的具體內容。"危""失道"與"杖"的關係相對比較容易看出來，而"相忘"與"杖"之間的關係則不好索解。各家對"相忘"的解釋不是與其前的"失道"相聯繫，謂"失道相忘"，就是與其後的"於富貴"相聯繫，而將其與"杖"的關係放置一邊不提，①均有未安之處。

與"惡乎相忘？於富貴"最爲相近的話，莫過於陳涉在"與人傭耕"時所說的"苟富貴，無相忘"（《史記·陳涉世家》）。我們先來看一下先秦兩漢時期人們對"富貴"的理解。"富貴"雖然是一個并列片語，但在當時重農抑商的社會裏，人們提到這個詞的時候，更傾向於"貴"，即與權力有關，"富"是由"貴"附帶而來的"副產品"，簡本作"於貴富"，將"貴"字放在"富"字之前，可能正是此種意識的反映。如陳涉在後來起義時的口號"王侯將相寧有種乎"，可以看出他所謂的"富貴"其實是"王侯將相"。楚霸王項羽攻占咸陽功成名就之後，說："富貴不歸故鄉，如衣繡夜行，誰知之者！"（《史記·項羽本紀》）"富貴"亦和權力有關。《史記·蘇秦列傳》記載，蘇秦一時富貴，喟然歎曰："此一人之身，富貴則親戚畏懼之，貧賤則輕易之，況衆人乎！且使我有雒陽負郭田二頃，吾豈能佩六國相印乎！""富貴"指的是"佩六國相印"。《史記·魯仲連鄒陽列傳》"魯連逃隱於海上，曰：'吾與富貴而詘於人，寧貧賤而輕世肆志焉。'""富貴而詘於人"指做官而受制於人。《漢書·賈山傳》："錢者，亡用器也，而可以易富貴。富貴者，人主之操柄。"按照一般的理解，有錢即是富，而此句中以錢來換取"富貴"，可見當時人所謂的"富貴"偏義指"貴"，賜予官位是最高統治者控制臣下的一種手段。《漢書·敘傳上》："當秦之末，豪桀共推陳嬰而王之，嬰母止之曰：'自吾爲子家婦，而世貧賤，卒富貴不祥。'"在這裏，與"富貴"相應的是"王之"。

再來看"杖"。我們曾指出，杖在上古時期除了當作普通的助步工具之外，還是一種官位和權力的象徵。②四川省廣漢市三星堆遺址一號器物坑中曾經出土過一件龍首虎尾杖，孫華認爲："裝飾着這樣一些奇异和凶猛動物銅件的木柱，應當是一種象徵着權威的、可以用手拄着立在地上的權杖。"并且指出我國東南地區出土的多件代表東周時期吳越文化的銅鳩杖，杖首爲尖翹尾的短尾鳥，銅杖尾

---

① 黄懷信：《大戴禮記彙校集注》下册，第659頁；張玉金：《〈大戴禮記·武王踐阼〉新證》，《華南師範大學學報》（社會科學版），2012年第2期。
② 連佳鵬：《"爲長者折枝""植其杖而芸"合考——兼談上古時期的杖文化》，《孔子研究》，2013年第6期。

的下端爲一跽坐之人，人頭部頂着杖，聯繫到先民有崇鳥的習俗，認爲在這樣的造型中"某種鳥具有尊崇的地位，而某些人的地位却相對卑下"，①被壓在杖尾的跽坐之人顯然應該是被壓迫的臣民。在先秦兩漢時期有由統治者來頒發象徵身份地位的王杖的習俗，受杖者可以享有諸多權益。1959年甘肅武威磨咀子18號漢墓出土的"王杖十簡"，②就具體記述了受杖者所享有的各項權益：

制詔御史曰：年七十受王杖者，比六百石，入宮廷不趨；犯罪耐以上，毋二尺告劾；有敢徵召侵辱者，比大逆不道。建始二年九月甲辰下。

制詔丞相、御史：高皇帝以來，至本[始]二年，朕甚哀老小。高年受王杖，上有鳩。使百姓望見之，比於節。有敢妄罵詈毆之者，比逆不道。得出入官府郎第，行馳道旁道。市賣復毋所與。

再如《周禮·秋官·伊耆氏》："軍旅授有爵者杖，共王之齒杖。"《儀禮·喪服》："杖者何？爵也。無爵而杖者何？擔主也。非主而杖者何？輔病也。童子何以不杖。不能病也。婦人何以不杖。亦不能病也。"鄭注："爵，謂天子諸侯卿大夫也。無爵，謂庶人也。擔猶假也，無爵者假之以杖，尊其爲主也。非主，謂衆子也。"彭林認爲雖然講的是先秦喪禮制度，但"杖"并不屬於喪服。天子、諸侯、卿大夫作爲有爵者，在喪禮中可以用杖，這是其身份的象徵。士庶之人雖無爵，但在擔任喪主時也得用杖，顯然，以上兩種情況所用之杖，都不表示喪等的高下，而僅僅是在社會中或喪事中的身份的標志，③所論甚確。童子和婦人爲何不用杖？"不能病也"祇是一種説辭，其實是因爲他們的社會地位低下，没有資格用杖，這和爵位是相應的。東漢崔駰《杖頌》："王母扶持，永保百禄。"杖可以保佑俸禄，其官位和權力的象徵性顯露無疑。嶽麓書院藏秦簡《占夢書》第6（0031）號簡文云："夢化爲丈，勞心。"④整理者注："《説郛》卷109下輯録的《占夢書》殘卷第十五條記載：'丈尺爲人正長短。夢得丈，欲正人也。'……而'丈'則讀爲'杖'。"⑤高一致認爲："'杖'或指居喪持喪棒，先秦時期有此俗……整句或爲'夢人爲杖'，或即夢見人爲之居喪持棒，似此可與'勞心'有某種聯繫。"⑥我們認爲，"勞心"兩字應爲解讀這條簡文的關鍵。《孟子·滕文公章句上》："勞心者治人，勞力者治於人。"《左傳·襄公九年》："君子勞心，小人勞力，先王之制也。"可見"勞心"是統治階級所擁有的一個特徵，那

---

① 孫華：《三星堆出土爬龍銅柱首考——一根帶有龍虎銅飾件權杖的復原》，《文物》，2011年第7期。
② 甘肅省博物館：《甘肅武威磨咀子漢墓發掘》，《考古》，1960年第9期。
③ 彭林：《再論郭店簡〈六德〉"爲父絶君"及相關問題》，《中國哲學史》，2001年第2期。
④ "化爲"兩字從陳偉説，見陳偉《讀嶽麓秦簡〈占夢書〉札記》，《簡帛》第九輯，上海：上海古籍出版社，2014年，第159頁。
⑤ 朱漢民、陳松長主編：《嶽麓書院藏秦簡（壹）》，上海：上海辭書出版社，2010年，第154頁。
⑥ 高一致：《〈嶽麓書院藏秦簡（壹）〉集釋》，碩士學位論文，武漢大學2011年，第72-73頁。

麼"夢化爲丈"之"丈（杖）"顯然就是統治階級的象徵。由此再來看《說郛》中"夢得丈，欲正人也"這句話，也就容易理解了。

"杖策"一詞，古語常見，其中"杖"字活用爲動詞，"策"指手杖，上文引劉良注"杖策，猶拄杖也"。然而現在許多大型的工具書，如《漢語大詞典》《古漢語大詞典》和《辭源》等皆以"執馬鞭，謂驅馬而行""依侍、追隨"釋之，則是有問題的。杖作爲官位和權力的象徵，在先秦兩漢時是由統治者賜予，因此古人想出仕而去幹謁權貴時往往會"杖策"，可以說"杖策"已經成了謀取功名富貴的一個代名詞。如《後漢書·鄧禹傳》："及聞光武安集河北，（禹）即杖策北渡，追及於鄴。光武見之甚歡，謂曰：'我得專封拜，生遠來，寧欲仕乎？'"光武帝之所以問鄧禹是否想當官，是因爲他"杖策"而來。《魏書·張袞傳》："昔樂毅杖策於燕昭，公達委身於魏武。""杖策於燕昭"即在燕昭王手下做官，爲其效力。《晉書·尹緯傳》："緯曰：'天時如此，正是霸王龍飛之秋，吾徒杖策之日，然知己難遭，恐不得展吾才智。'"此處更爲直接，將建功立勳徑稱爲"杖策"。其他如《陳書·列傳第五》："侯景平，世祖爲吳興太守，昭達杖策來謁世祖。世祖見之大喜，因委以將帥，恩寵優渥，超於儕等。"《舊唐書·房玄齡傳》："太宗徇地渭北，玄齡杖策謁於軍門，太宗一見，便如舊識，署渭北道行軍記室參軍。"《舊唐書·列傳第十九》："大業末，李密略地滎、汴，（張）亮杖策從之，未被任用。屬軍中有謀反者，亮告之，密以爲至誠，署驃騎將軍，隸於徐績。"《舊唐書·列傳第一七〇》："王鐸鎭滑臺，（柱子磧）杖策詣之。鐸表薦於朝。昭宗雅重之，復召入翰林爲學士，拜戶部侍郎，遷禮部尚書。"唐魏征《述懷》詩："杖策謁天子，驅馬出關門。"《欽定四庫全書總目·卷一六五》著有宋王炎午撰《吾汶稿》十卷，云："咸淳間，文天祥募兵勤，王炎午杖策謁之，留直幕府。"清吳偉業《又詠古》之四："弱冠拜司徒，杖策功名收。"以上，均是憑藉"杖策"去幹謁權貴而獲得功名富貴的例子。

"杖"與"富貴"同時出現的例子，典籍也有記載。如《晉書·阮修傳》在描述阮修"簡任"的性情時，謂其"常步行，以百錢掛杖頭，至酒店，便獨酣暢，雖當世富貴而不肯顧。家無儋石之儲，晏如也"。"杖"是"富貴"的象徵，阮修挂杖本身已能表明己意，但他唯恐別人不知，又將錢掛在上面，所以其後才會有"雖當世富貴而不肯顧"，然而與此形成鮮明對比的卻是"家無儋石之儲"，其自負與放浪不羈的程度於此可以想見。

綜上所述，"杖"與"富貴"皆和權力有關，那麼兩者之間的關係就比較統一了。俗語云"貴人多忘事"，表達的意思與"苟富貴，無相忘"相同。人一旦有了權力，往往會忘記貧賤之交，這一點看來古今是相通的。武王身爲統治者，在象徵權力的杖上刻下"惡乎相忘？於富貴"，正是警醒自己不要忘記了身份地位不如自己的人。

懸泉漢簡"建始元年督郵史光"文疏證

高倩如[①]　肖從禮[②]

【摘要】《懸泉漢簡（壹）》中有一枚建始元年二月癸丑日敦煌郡督郵史光告效穀縣的一份循行文書簡，該文書有明確的發文時間，以及具體的督察事項和完整的程式，對深入探究西漢時期河西邊郡督郵的源流、設置、職能、督察程式等具有重要史料價值。本文主要對簡文中的重要語詞進行較全面詳盡的疏證，并在此基礎上對簡文標點和譯釋。

【關鍵詞】懸泉漢簡；督郵史；式

近世以來，學者們利用出土簡牘材料并結合傳世文獻記載對督郵及其相關問題開展了卓有成效的研究，取得了豐碩的成果，[③]限於篇幅，此不贅述。在《懸泉漢簡（壹）》[④]中有一枚"建始元年二月督郵史光告效穀"文書簡，該簡文對於我們深入認識西漢後期督郵制度有重要價值。這也是目前我們所知的詳細記載了漢代邊郡督郵循行內容的一條珍貴史料。從該簡文記載我們可初步認爲，在西漢後期督郵的職能逐漸擴大，權力不斷擴張，已不僅限於"分明善惡""考長吏治迹"等職能。除了監察權的擴大，在邊郡邊塞地區督郵也涉足邊塞戍務的檢查監督，這條簡文便是例證。

爲便於討論，本文先就該簡文的重要語詞進行疏證，并加以適當論述。

建始元年二月乙未朔癸丑[一]，督郵史光[二]告效穀[三]：往者[四]，廄器物[五]不齊[六]，或少相勝[七]，甚不可[八]。亭、塢、檠[九]多古，不任用[一〇]。今移式[一一]，書到，亟作治[一二]，務令[一三]釭堅[一四]、壯事[一五]、齊壹[一六]，毋出三月十日，畢成，以書言[一七]。

---

* 本文是2021年度甘肅省社會科學基金一般項目《〈懸泉漢簡（壹）〉綜合整理研究》（項目批准號：2021YB154）階段性成果。

[①] 高倩如，甘肅簡牘博物館館員，研究方向爲考古學及博物館學、簡牘學。

[②] 肖從禮，甘肅簡牘博物館研究館員，研究方向爲秦漢史與簡牘學。

[③] 貢紹海：《略論漢代督郵》，《山東師大學報》（社會科學版），1988年第4期；高榮：《論漢代的督郵》，《中山大學學報》（社會科學版），1999年第3期；劉軍：《兩漢督郵新論》，《長春師範學院學報》（人文社會科學版），2006年第25卷第5期；嚴耕望：《秦漢地方行政制度》，上海：上海古籍出版社，2007年；范香立：《漢簡所見刺史和督郵的職能芻議》，《大慶師範學院學報》，2008年第1期；李苗苗：《督郵與兩漢地方吏治》，鄭州大學，碩士學位論文，2011年。

[④] 甘肅簡牘博物館等編：《懸泉漢簡（壹）》下冊，上海：中西書局，2019年。

光循行課[一八]，毋狀者[一九]必親[二〇]　　Ⅰ90DXT0110①：91①

　　該簡完整，無殘損，簡長 23.5、寬 2.0、厚 0.5 釐米，松木。簡上文字清晰，標準隸書，兩行書，計 76 字。爲討論方便，兹對簡文試加標點如上。

　　[一] 建始元年二月乙未朔癸丑：建始，漢成帝劉驁年號。是年二月乙未朔，癸丑爲十九日，前 31 年 3 月 24 日。②

　　[二] 督郵史光：光，人名，其官職爲督郵史。督郵史一名傳世文獻見載，如《續漢書》卷一一八《百官志》"五部督郵"諸文，李賢注引《漢官》曰："河南尹員吏九百二十七人，十二人百石。諸縣有秩三十五人，官屬掾史五人，四部督郵史部掾二十六人……"③這裏即提及河南郡置"四部督郵史"，也可推知督郵爲督郵史之省稱。④此外"督郵史"亦見載懸泉漢簡，其時代最早者爲建昭二年（前 37 年）。⑤

　　[三] 告效穀：告知效穀縣。告，下行文書慣用語。效穀縣，屬敦煌郡。督郵爲太守屬吏，由郡太守派遣，職掌監縣、考縣長吏治迹，以卑臨尊，位卑權重，故文書中以"告"稱之。

　　[四] 往者：在之前，此指督郵循行時間。居延漢簡簡文"候長、候史馬皆禀食。往者多羸瘦，送迎客不能竟界。大守君當以七月行塞。候尉循行，課馬齒五歲至十二歲"。（EPS4T2：6）⑥中"往者"亦指之前。

　　[五] 廄器物：馬廄中的各種生產器具或生活物品。如漢簡載"欲取軸器物"（EPF22：26）⑦中"器物"即指牛車軸等器件。

　　[六] 不齊：不整齊。據簡又言"或少"和下文言"齊壹"判斷，此"齊"當取"整齊"之意。《易·說卦》："齊也者，言萬物之絜齊也。"高亨注："齊者，整齊也。"

　　[七] 相縢：縢，泛指囊，布袋。《戰國策·趙策一》："（蘇秦）家貧親老，無罷車駕馬，桑輪蓬篋贏縢，負書擔囊。"本文以爲，"相縢"或讀"箱縢"，或

---

① 甘肅簡牘博物館等編：《懸泉漢簡（壹）》下册，上海：中西書局，2019 年，第 368 頁。
② 按，文中公曆日期據徐錫祺《西周（共和）至西漢曆譜》（北京：北京科學技術出版社，1997 年）一書。
③ 按，《史記》《漢書》《後漢書》等史籍，以及《說字解字注》《漢語大詞典》等工具書爲常引用文獻，若無特別注明之處，本文所引諸書時不俱出注。
④ 有觀點認爲，督郵史爲督郵屬吏，參胡平生、張德芳著《敦煌懸泉漢簡釋粹》，上海：上海古籍出版社，2002 年，第 161 頁。
⑤ 簡文分別爲"建昭二年二月甲子朔辛卯，敦煌太守彊、守部候脩仁行丞事，告督郵史眾∨欣、主羌史江曾、主水史眾遷。謂縣，聞往者府掾史書佐往來縣案事，公與賓客所知善飲酒，傳舍請寄長丞食或數……"（Ⅱ0216②：246）（參胡平生、張德芳著《敦煌懸泉漢簡釋粹》，上海：上海古籍出版社，2002 年，第 161 頁），建昭二年爲前 37 年；"陽朔元年六月乙未，督郵史章移縣置，刺史行部，錄囚徒宜居延上不善塗，恩澤詔書"（Ⅰ90DXT0114①：117A），陽朔元年爲前 24 年。
⑥ 張德芳：《居延新簡集釋（七）》，蘭州：甘肅文化出版社，2016 年，第 158 頁。
⑦ 張德芳：《居延新簡集釋（七）》，第 7 頁。

有兩種可能,其一,爲方箱車上裝載物品的囊袋。相,讀"箱",指車箱(亦作車廂)。《墨子·雜守》:"爲板箱長與轅等。"簡文"方相車"(73EJT10:261)①即"方箱車",指一種主要用於載人亦可少量載物的馬車;關於方相車,李玥凝根據對西北漢簡所載方相車、駕馬資料比對考察車輛承載力,認爲其當以載人爲主、可少量載物②。本文爲"相縢"指方相車載物囊袋亦有可能。其二,"相縢"或指車箱,即車輿。在懸泉漢簡中有一枚關於車輛登記簿的簡記載"四百四兩在郡庫。其二百一十八兩完,百八十六兩折傷,有轅,毋相橐;其卅六兩棪爲弩柜在兵庫。"(Ⅰ90DXT0114③:44)③,據簡文記載知,此簡爲車輛登記簿,郡庫內的四百零四輛車中有二百一十八輛完好,有一百八十六輛折傷,車轅還在,但沒有相橐。此"相橐"義同"相縢",或指車廂。

[八] 甚不可:意即很不應該。"或少相縢,甚不可"句的意思即是説方相車上沒有置物的囊袋,這是很不應該的。漢簡載"充貴言:報書甚不可。"(《居延漢簡》178.2)④大概是説這樣的報書是不應該的。此兩簡中的"甚不可"的用法和含義是一樣的。⑤

[九] 亭、塢、楥:指郵亭、塢牆和烽臺等建築設施。亭,驛置之亭,供停駐之用。邊塞之亭附於烽燧,故漢簡中常見某一烽燧亦名亭,蓋因此烽燧兼有候望和驛置等多種用途之故。勞榦認爲:"亭可指亭隧而言,然言亭者自不限於亭隧。"⑥塢,在烽隧旁修築的用以防護房屋的圍牆。塢多築於烽燧臺旁。《説文》:"塢,小鄣也,一曰庳城也。"《後漢書·馬援傳》:"繕城郭,起塢候。"楥,此處或爲書寫錯誤,應爲"堠",指烽臺。臺上有供瞭望的小屋曰候樓。

[一〇] 多古,不任用:多有破損,不堪其用。古,古惡,指器物破損嚴重,質粗劣,不堅致。陳直認爲古惡即"苦惡"省文。⑦《史記·平準書》:"式既在位,見郡國多不便縣官作鹽鐵,鐵器苦惡。"裴駰《集解》引瓚曰:"謂作鐵器,民患苦其不好。"不任用,指亭、塢、堠門户破敗不能使用。不任用,他簡亦作

---

① 甘肅簡牘保護研究中心等編:《肩水金關漢簡(壹)》上冊,上海:中西書局,2011年,第282頁。
② 參李玥凝:《漢簡中的方相車補説》,《魯東大學學報》,2015年第3期。本文按,方箱車亦有作儀仗車之用,如《漢官》"典職儀禮"條有"陰太后崩,前有方相及鳳凰車"。但神獸"方相氏"作爲趨疫辟邪的象徵始於東漢,方相車作爲儺禮和喪葬儀仗車之用盛行於東漢之後,且西北漢簡所載方相車皆爲普通方形車廂的馬車,無普遍特徵,亦與儀仗、巫術無甚關聯,故"縢"并不是方相車作爲儀仗用車的特殊配件。
③ 此簡中"相橐"原釋作"相享"。按,此簡作"𥱼"形。從字形來看似當釋作"橐"。
④ 簡牘整理小組:《居延漢簡(貳)》,臺北:"中研院"歷史語言研究所,2016年,第192頁。
⑤ 此簡中的"甚不可"是一種主觀性評價。漢簡中還有一類檢查結果評價語"不可用"或"不事用",如簡"六石具弩傷左右股各一所,虎口破,緯幣絶,弦韋皆幣,不可用"。(Ⅰ90DXT0112①:35)此"不可用"意即六石具弩因爲部件破損導致不能使用。
⑥ 勞榦:《居延漢簡考證》,臺北:"中研院"歷史語言研究所專刊之四〇,1960年,第41頁。
⑦ 陳直:《居延漢簡研究》,北京:中華書局,2009年,第234頁。

"不事用"（EPT59：6）①。

[一一] 移式：移，轉呈。式，指程式，法式；規格；準則。《漢書·刑法志》："此爲國者之程式也。"漢桓寬《鹽鐵論·錯幣》："吏匠侵利，或不中式，故有薄厚輕重。"漢簡中有關"式"的簡文不多見，所可見者如"·右使者到縣置共舍弟一傳大縣異傳舍如式"（Ⅰ90DXT0114①：112A）和"者作水衡如式令滿五□"（Ⅰ90DXT0116②：24）中是"如式"即指依照程式辦理。

[一二] 書到，亟作治：收到轉送來的文書後即刻整治、修繕。亟，疾速，趕快。《爾雅·釋詁》："亟，疾也。"刑昺《疏》："皆謂急疾也。"作治，整治；整理。《漢書·昭帝紀》："五月丁丑，孝文廟正殿火，上及群臣皆素服。發中二千石將五校作治，六日成。"

[一三] 務令：務必使之。由"務令攻堅，方遣吏循行課□"（EPT59：129）、"·告縣置廚更治切肉機，長二尺。令隆刀杜有□持入居前□肉，務令莊事"（Ⅰ90DXT0110①：98）、"勞賞第一候長毋舉、隧長議，罰書到，趣作治，諸舉務令攻堅，任用皆爲□，畢成。言毋出月廿八日，令可覆行，如律令。/掾武。"（73EJT23：301）等簡文知，"務令"一詞是考課習語。

[一四] 釭堅：使釭堅固耐用。釭，車轂口穿軸用的小金屬圈。《説文》："釭，車轂中鐵也。"《方言》卷九錢繹《箋疏》："釭之言空也，轂口之內，以金嵌之曰釭。"王念孫《廣雅疏證·釋器》："凡鐵之空中而受枘者謂之釭。"堅，堅固，義同"攻堅"，如上"務令"條所引簡例。

[一五] 壯事：即"莊事"，莊重其事之意。如簡文"塗惡社皆不莊事，罰平一石穀賞以社"（《敦煌》218）②即指修治粉刷社祭之壇時，如果修治不莊重則會受罰。莊有嚴肅、莊重、恭敬之意。《論語·爲政》："臨之以莊，則敬。"劉寶楠《正義》："莊，嚴也。"《韓非子·外儲説左下》："季孫好士，終身莊，居處衣服，常如朝廷。"亦此意。

[一六] 齊壹：整齊劃一。漢王充《論衡·變虛》："何天佑善偏，駁不齊一也"中"齊一"在漢簡中寫作"齊壹"，二者義一。如懸泉漢簡"·桓迎送客小築令端正齊壹。功"（Ⅰ90DXT0111②：38）中"端正齊壹"即指迎送客人的設施應當端正整齊。

[一七] 毋出三月十日，畢成，以書言：不可超過建始元年三月十日（前31年4月13日），全部整改完畢後將整改情況上報説明。從文書下發日二月乙未朔癸丑（3月24日）至三月十日（4月13日），限期整改的時間有20天。

[一八] 循行課：巡行考課。循行，即巡行，巡查之意。《墨子·號令篇》："大

---

① 肖從禮：《居延新簡集釋（五）》，蘭州：甘肅文化出版社，2016年，第4頁。
② 甘肅省文物考古研究所編：《敦煌漢簡》，北京：中華書局，1992年，第227頁。

將使信人行守，長夜五循行，短夜二循行。"《漢書·文帝紀》："二千石遣都吏循行，不稱者督之。"師古曰："循行有不如詔意者，二千石察視責罰之。"課，考核，考查。《說文·言部》："課，試也。"《後漢書·朱浮傳》："而光武、明帝，躬好吏事，亦以課核三公。"注："課其殿最，核其得失。"按，居延漢簡中的"課"一般指與考課吏卒工作業績有關的文書，除如實記錄吏卒工作情況外，往往還有考核評語。

[一九] 毋狀者：對被考核者的一種評價語，意即很不像樣。毋狀，又稱"無狀"，是漢人常用語，即無善狀，主要指沒有功績和良好表現，甚至有罪。《史記·夏本紀》："舜登用，攝行天子之政，巡狩。行視鯀之治水無狀。"司馬貞《索隱》："言無功狀。"《漢書·賈誼傳》："誼自傷爲傅無狀。"師古注："無善狀。"《後漢書·章帝紀》："長吏親躬，無使貧弱遺脫，小吏豪右得容姦妄。詔書既下，勿得稽留，刺史明加督察尤無狀者。"注曰："無狀，謂其罪惡尤大，其狀無可寄言，故云無狀。"

[二〇] 必親：或指一定會親自。按，從簡文內容和尾文"必親"推斷，此份完整文書應該至少書寫於兩枚簡牘之上，今所見爲簡冊的第一枚簡文。"必親"後所書之文或是如若效穀縣相關人員不按要求整改，督郵史光一定會親自前往督辦云云之類。

綜合上述簡文注解，試譯全簡如下：

建始元年二月乙未朔癸丑（前 31 年 3 月 24 日）敦煌郡督郵史光告知效穀縣：之前巡行時，發現馬廄的生產生活用具擺放不齊整，該歸置到位的也未用袋子盛裝齊整（或：有的方相車上的囊袋亦不見了），這是很不應該的。郵亭、塢牆和烽臺的門戶破敗不堪使用。現將整改要求和規範程式轉呈，收到文書即刻整治。務必莊重其事，器物擺放整齊劃一，修繕造作確保達到"釭堅""任用"要求。全部完成之後需上報整改情況，整改限期爲三月十日。如果相關人員不按要求整改，督郵史光必親自前往督辦并考核問責。

簡帛醫書所見"段"考論

張顯成[①] 杜 鋒[②]

【摘要】系統整理簡帛醫書中的"段"字，共得10個用例。這些"段"字，有的整理者有解釋，有的沒有。歸納分析這些"段"字的意義，可知有兩個意義，一是"錘擊"（這是"段"的本義），以下9個辭例中的"段"即屬此義：段冶；燔段檗；段之二七；段駱阮少半斗；段之；段烏【豙（喙）】；以椎薄段之；段烏豙（喙）；段羊角。二是讀爲"碬"，"操段石毄（擊）而毋"中的"段"即屬此義。以上"段"，整理者所釋不當或不確者有不少，特別是將"燔段檗"和"段駱阮少半斗"中的"段"讀爲"煅"，是完全錯誤的，因爲"煅"字和中藥炮製法的"煅法"是後世才產生的。

【關鍵詞】簡帛醫書；段；錘；碬；煅

簡帛醫書中的"段"字，有必要進行系統清理，歸納其意義，并對整理者的釋讀予以辨正。以下分三部分進行論述。

一、簡帛醫書中的"段"及整理者的解釋

現已公布的簡帛醫書共出現了10個"段"字，存在於9個醫方中（含祝由方）。對其意義，整理者有的做了解釋，有的沒有，現先將做了解釋的列如下：

1. 馬王堆醫書《五十二病方》114/114："一，巔（癲）疾者，取犬尾（屎〔矢〕）及禾在圈垣上者，段冶，淳汲以歃（飲）之。"[③]

"段"字下，《馬王堆漢墓簡帛集成（伍）》注："原注：'段，《說文》："椎

---

* 本文得到以下基金項目資助：國家社科基金重大項目"簡帛醫書綜合研究"（12&ZD115）、國家社科基金重大項目"出土先秦秦漢醫藥文獻與文物綜合研究"（19ZDA195）、中央高校基本科研業務費專項資金資助項目"古文字與出土文獻研究"（SWU2009108）、國家社科基金一般項目"出土涉醫文獻與古醫書經典化研究"（19BZS012）。
① 張顯成，西南大學文獻所、出土文獻綜合研究中心教授，主要從事語言文字學研究和文獻學研究，側重於簡帛文獻、吐魯番出土文書、碑刻文獻研究。
② 杜鋒，西南大學文獻所、出土文獻綜合研究中心副教授，主要從事出土文獻、古文字和中醫藥學綜合研究。
③ 裘錫圭主編：《馬王堆漢墓簡帛集成（伍）》，北京：中華書局，2014年，第237頁。按本文中簡稱"《集成（伍）》"。按，後文中凡引是書，不俱出注。

物也。"叚冶，椎碎。'"①

2. 馬王堆醫書《五十二病方》171/158—173/160："一，□【□】及瘤（瘻〔癭〕）不出者方：以醇酒□【□】煮膠，廣【□□□□□】消，而燔叚薛（糵）【□□】火而焠（淬）酒中，沸盡而去之，以酒歊（飲）病【者】，□【□□□】□溫，復歊（飲）之，令【□□】起自次（恣）殹。不巳（已），有（又）復之，如此數。【●】令。"

"叚"，原帛書整理小組釋"叚（煅）"。《集成（伍）》釋"叚（煅）"，注曰："叚，原釋文②作'叚'，讀爲'煅'，此從馬繼興（1992：450）釋。……今按：煅，劉欣（2010：58）指出是'中藥製法之一。把藥材放在火裏燒'。"③

3. 馬王堆醫書《五十二病方》212/199—213/200："一，㾺（瘴〔瘻〕），以月十六日始毀，禹步三，曰：'月與日相當''日與月相當'，各三└；'父乘母强，等與人産子，獨産贅䶥└，乘巳（已），操叚石毄（擊）而母└。'即以鐵椎氏叚之二七。以日出爲之，令贅（䶥）者東鄉（嚮）。"

第一個"叚"，原帛書整理小組釋"叚（鍛）"；《集成（伍）》改釋"叚"，注曰："'叚'字，原釋文作'叚'。"第二個"叚"，無説。

4. 馬王堆醫書《五十二病方》267/254—270/257："一，牝痔之有數竅，蟯白徒道出者方：先道（導）以滑夏鋌（挺），令血出。穿地深尺半，袤尺，【廣】三寸，【燔】□炭其中，叚駱阮少半斗，布炭上，【以】布周蓋，坐以熏下竅。煙威（滅），取肥【□】肉置火中，時自啟竅，□煙入。節（即）火威（滅），□以□。日一熏，下□【□】而□。五六日清□□【□□】駱阮，一名曰白苦=（苦、苦）滯（浸）。"

"叚"，原帛書整理小組釋"叚（煅）"，《集成（伍）》釋"叚（煅）"，注曰："叚，原釋文作'叚'，讀爲'煅'。"并按曰："今按：叚，説見本篇171/158行'叚'字注。"④

5. 馬王堆醫書《加約方》⑤4—6："·內加及約└：取空壘二斗，父（咬）且

---

① 按本文中的"原注"指馬王堆漢墓帛書整理小組《馬王堆漢墓帛書〔肆〕》（文物出版社，1985年）帛書整理小組的注。下同。
② 按本文中的"原釋文"指馬王堆漢墓帛書整理小組《馬王堆漢墓帛書〔肆〕》（文物出版社，1985年）的釋文，下同。下文"原帛書整理小組"也是指"馬王堆漢墓帛書整理小組"。
③ 按本文中"馬繼興（1992：450）"指馬繼興《馬王堆古醫書考釋》（湖南科學技術出版社，1992年）第450頁；"劉欣（2010：58）"指劉欣《馬王堆漢墓帛書〈五十二病方〉校讀與集釋》（復旦大學碩士學位論文，2010年）第58頁。
④ 按所謂"本篇171/158行'叚'字注"，即上文例2所引。
⑤ 按原馬王堆漢墓帛書整理小組命名的《雜療方》，裘錫圭主編《長沙馬王堆漢墓簡帛集成》分之爲《房內記》和《療射工毒方》，本文按，分爲兩篇是正確的，但《房內記》之命名不當，當稱爲"加約方"，或"房中加約方""房內加約方""房內方""房中方"，故今稱該篇爲《加約方》。筆者對此將有專篇考論。

（咀），段之，□□成汁，若美醯二斗漬之。□□□□去其莘（滓）└。取桃毛二升，入汋中撓。取善布二尺，漬□中，陰乾，□□□□□□布。即用=（用，用）布抿（揗）揗中身及前，舉而去之。"

《集成（伍）》注："原注：'段，椎打。'"

以下是簡帛醫書中的"段"整理者沒有解釋者：

6. 馬王堆醫書《養生方》26/16—27/17："【一】曰：治中者，段烏【□□□□□□□□□□□□□□□□□□□□□】□此醯□"

7. 馬王堆醫書《養生方》127/126—131/130："【一】曰：取白苻（符）└、紅符└、伏（茯）霝（苓）各二兩，椢（薑）十果（顆），桂三尺，皆各冶之，以美醓（醯）二斗和之。即取刑馬脊肉十□，善脯之，令薄如手三指，即漬之醯中，反覆挑之，即扁（漏）之；巳（已）扁（漏），□而煬（煬）之，□□【□】□瀵（沸），有（又）復漬煬（煬）如前，盡汁而巳（已）。煬（煬）之□脩，即以樺（椎）薄段之，令澤，復煬（煬）□【□□】之，令□澤，復煬（煬）□□【□□□□□□】以善桼（漆）鬏之，乾，即善臧（藏）之。朝日晝□夕食=（食食）各三寸，皆先□【□□□□□□□□】□。□□□各冶等，以爲後飯。"①

8. 馬王堆醫書《養生方》148/14—151/151："☑：取刑馬脫脯之└。段烏豪（喙）一斗，以淳酒漬之，□去其宰（滓），□□【□□□□□□】與└、虋（虋）冬各【□】□└，草薜、牛劉各五拼（葉），□芙└、桔梗、厚荅（朴）二尺，烏豪（喙）十果（顆），並冶，以淳酒四斗漬之，毋去其宰（滓），以○□脯，盡之，即冶，□以韋橐裹└。食以二〈三〉指最（撮）爲後飯└。服之六末強，益壽。"

9. 老官山醫書《六十病方》167："廿五。治目多泣。取段羊角、少辛相半，屑之，以方寸匕取藥，直酒中歙之。取鯉魚膽脂絮其中，陰乾之，傅之，炙巾以尉目。"

二、簡帛醫書中的"段"的意義

通過全面考察簡帛醫書中的"段"，可知有以下兩個意義：

第一個意義：錘擊，若是錘擊藥物，則義爲"錘擊藥物使破碎"，使藥力更能發揮出來。這是"段"的本義。

《說文·殳部》："段，椎物也。從殳，耑省聲。"段玉裁注："後人以鍛爲段字。"《說文》釋義是正確的，但說"從殳，耑省聲"則不確。段，習見

---

① 裘錫圭主編：《馬王堆漢墓簡帛集成（陸）》，北京：中華書局，2014年，第54頁。按，後文中凡引是書，不俱出注。

於金文,從殳從厂會意,厰與石實爲一字之分化,故"叚"字的構形本意是從手持卜一類的器械椎石,"厂(石)"後經訛變再隸定爲"段"字的右旁。隸變之後,"段""叚"之形多相訛。以上所列的以下各例中的"段"均屬"錘擊":例"1""2""3"(第二個)、"4""5""6""7""8""9"。現簡述如下:

例1的"段冶",錘擊粉碎(犬屎及禾在圈垣上者)。
例2的"燔段櫱",燒烤櫱(芽米)然後錘擊碎之。
例3的"段之二七",錘擊十四下。(此"段"屬例3的第二個"段")
例4的"段駱阮少半斗",錘擊破碎駱阮(苦參)三分之一斗。
例5的"段之",錘擊破碎空壘(葛藟)。
例6的"段烏【豪(喙)】",錘擊破碎烏喙。
例7的"以椎薄段之",用椎把浸泡了藥汁的脯(乾肉)錘擊成薄片。
例8的"段烏豪(喙)",錘擊破碎烏喙。
例9的"段羊角",錘擊破碎羊角。

第二個意義:讀爲"碬",碬石。

《說文·石部》:"碬,碬石也。從石、叚,叚亦聲。"(依段注改訂)①朱駿聲《通訓定聲》:"碬,堅石可爲椎之椹質者。"碬石,即砧石,亦泛指石塊。《詩·大雅·公劉》:"涉謂爲亂,取厲取鍛。"陸德明《釋文》:"鍛,本又作碬。"孔穎達《疏》:"言鍛金之時,須山石爲椹質,故取之也。"《孫子·勢》:"兵之所加,如以碬投卵者,虛實是也。"上引例3的第1個"段"當讀爲"碬"。

該"段"字所在上下文"操段石敼(擊)而母",意即操起碬石擊打你母。帛書文字正好是"段(碬)石"連文,足證這裏的"段"當讀"碬"。

三、有關問題的討論

以上是本文對簡帛醫書中 10 個"段"字意義的解釋,然而對比整理者的訓釋,可知有幾處與本文的結論不同,故有必要對之進行討論,申明我們的理由。

1. 例2的"段"

本文認爲當讀如字,意爲"錘擊藥物使破碎",所在上下文"燔段櫱"即燒烤櫱(芽米)然後錘擊碎之。如上所述,該"段"字,原帛書整理小組釋"叚(煆)",《集成(伍)》釋"段(煆)",注曰:"段,原釋文作'叚',讀爲'煆',

---

① 按,大徐本《說文·石部》:"碬,厲(礪)石也。從石,叚聲。"段玉裁改爲"碬,碬石也。"爲是。小徐本作"從石、叚聲"。

此從馬繼興（1992：450）釋。……今按：煅，劉欣（2010：58）指出是'中藥製法之一。把藥材放在火裏燒'。"《集成（伍）》改釋原釋的"叚"爲"段"，爲是，但是《集成（伍）》讀"段"爲"煅"就不正確了。理由如下：

第一，帛書文字是説"燔段糵"，即燒烤糵（芽米）然後錘擊碎之，即先"燔"再"段"，如果把"段"讀爲"煅"，則邏輯上就有問題了。因爲"燔"的意義是燒、烤，"煅"的意義也是放在火裏燒，前面已經説了放到火裏燒，怎麼緊接着又説放到火裏燒？所以從文意上看將"段"讀爲"煅"就有問題。

第二，《集成（伍）》引劉欣的話，説應讀爲"煅"，意義是指"中藥製法之一。把藥材放在火裏燒'"，意思是這裏的"煅"的意思是指中藥的炮製法"煅法"。這一結論不符合漢字史和中醫藥史的歷史事實。

從漢字史的角度來看，"煅"字出現得很晚，正式被字書收入已到了明代的《字彙·火部》："煅，與鍛同。打鐵也，椎鍊也。"這裏有必要説明的是，"段"與"叚"二字有可能形訛，若如是，則早期的"煅"有可能訛爲"煆"。大徐本《説文·石部》："碬，厲（礪）石也。從石，叚聲。"段玉裁改爲："碬，碬石也。"《説文校録》《説文校議》《説文繫傳》《説文句讀》《説文通訓定聲》等均同段玉裁説，故"碬，碬石也"爲是。這是"段""叚"形訛比較明顯的例子。《方言》卷七："煦、煆，熱也，乾也。吴越曰煦煆。"若從形訛的角度來看，此處的"煆"有可能是"煅"之形訛，不過，我們并無確鑿的證據來證明，因爲從漢字史的角度來看，若視《方言》中的"煆"爲"煅"之訛，那"煅"字不可能到了明代字書才收録，况且，從文獻用字來看，無論是出土的還是傳世的先秦兩漢文獻均未見"煅"字。所以，從漢字史的角度來看，將例2的"段"讀爲"煅"，不符合漢字史實。

從醫藥學史來看，與"煅法"意義相近的表述早期醫籍中倒是有，如簡帛醫書中有藥物的"燔""燋""煏""熬"等法，《本草經》有藥物"燒"法，《傷寒論》《金匱要略》有藥物"炮""炙""燒"等法，但皆無"煅法"之名。《素問·刺法論》"小金丹方"方後注："用火，二十斤煅之也。"即使將此處的"煅"視爲"煅"之形訛，也不能説明"煅法"產生得很早，因爲《刺法論》屬遺篇，一般認爲成書於晚唐宋初之時。[①]大約初次刊刻於1078年的《和劑局方》[②]正式提出藥物修治的"煅法"；大約成書於1098年的《證類本草》亦載"煅法"；炮藥專著《雷公炮炙論》大約成書於唐末五代，今本多輯自《證類本草》，其中亦專門提及"煅法"（"煅"或作"煆"）。所以，文獻表明，明確提出炮製藥物的"煅法"的時間大約在唐末宋初。并且，"煅法"正式在文獻中出現與字書開始收録

[①] 從漢語詞彙史角度考察，《刺法論》撰成時代應該在王冰次注《素問》（750—762）之後，林億校正醫書（1068—1077）之前。見張顯成等《從詞彙史角度考〈素問遺篇〉的撰成時代》，未刊稿。

[②] 又稱《太平惠民和劑局方》。

"煅"字也可互證。如上所述,"煅法"首見文獻爲 1078 年的《和劑局方》,"煅"字正式被字書收入爲明代的《字彙》(字書收録新産生的字詞的時間,都會晚於字詞産生的時間),二者在時間上是吻合的。再者,如果"煅"字在帛書時代就已産生了的話,①爲何直到唐末宋初才正式提出"煅法"呢?

總之,《集成(伍)》釋"燔段糵"爲"燔段(煅)糵"不確,當讀"段"爲本字,意即"錘擊藥物使破碎","燔段糵"即燒烤糵(芽米)然後錘擊碎之。

2. 例 3 有兩個"段"

第二個"段",上文已論證當讀本字,所在上下文"段之二七"即錘擊十四下。第一個"段",原帛書整理小組釋"葭(鍛)",《集成(伍)》釋"段",未釋其意。本文也認爲應隸定爲"段",但當讀爲"碫",所在上下文"操段(碫)石瞉(擊)而母",即操起碫石擊打你母。下面,我們先論證此字應隸爲"段",再説當讀爲"碫":

先看字形。試將上引帛書中"段"的字形制成字形對比表②:

例 3 第一個"段"	例 3 第二個"段"	例 2 的"段"	例 4 的"段"	例 6 的"段"	例 7 的"段"	例 8 的"段"
![]	![]	![]	![]	![]	![]	![]

對比以上"段"的字形可知,這些"段"字均是第一畫不與其他筆畫相連,猶如"一"字。原帛書整理小組可能誤將例 3 第一個"段"的第一畫當作了草頭,故誤隸爲"葭"。通過對比可證《集成(伍)》隸爲"段"是正確的。并且,同在例 3 這一個方子裏此字出現了兩次,字形也相同,原帛書整理將第一個隸爲"葭"第二個隸爲"段",這本身就説明其隸定有問題。

再説我們讀爲"碫"的理由。上文已説過,《説文》已有訓:"碫,碫石也。"碫石,即砧石,亦泛指石塊。例 3 的第 1 個"段",所在上下文爲"操段石瞉(擊)而母",即:操起碫石擊打你母。帛書文字正好是"段石"連文,足證這裏"段"當讀"碫"。

原帛書整理小組隸爲"葭"讀爲"鍛",上文已説過,隸"葭"是錯誤的。并且,讀爲"鍛"也不當。因爲文獻中没有符合上引帛書意義的"鍛石"一名。《日華子本草》倒是有"鍛石"一名,但却是"石灰"的别名。這裏有必要説明的是,

---

① 據張顯成、程文文考證,馬王堆醫書産生時代的下限當在戰國末期,詳張顯成、程文文《從副詞發展史角度考馬王堆帛書成書時代》,《文獻》2016 年第 3 期,第 9-18 頁。
② 以下選取字形完整較清晰者,例 1 的"段"上面略有殘,例 5 的"段"不太清晰,故未選取。

《詩經·大雅·公劉》："涉渭爲亂，取厲取鍛。"毛傳："鍛，石也。"鄭箋："鍛，石，所以爲鍛質也。"鄭玄箋是解釋毛傳"鍛，石也"的意義，故不能將鄭箋斷讀爲"鍛石，所以爲鍛質也"。①

總之，這裏的"叚"當讀爲"碫"。

3. 例4的"叚"

本文認爲當讀如字，意爲"錘擊藥物使破碎"，"叚"字所在上下文"叚駱阮少半斗"，意即錘擊破碎駱阮（苦參）三分之一斗。如上所述，該"叚"字，原帛書整理小組釋"叚（煅）"，《集成（伍）》改釋"叚（煅）"。由上"叚"的字形對比表可知，《集成（伍）》改隸爲"叚"是正確的。但《集成（伍）》改讀爲"煅"就不當了，上文論證例2的"叚"不當讀"煅"時已説過：從漢字史的角度看，"叚"讀爲"煅"不符合漢字史實。從醫藥學史看，"煅法"一名出現得很晚，唐末宋初之時方出現"煅法"之名。

再從"苦參（駱阮）"的傳統炮製方法來看，傳統藥書未見以煅法或煅燒法來炮製苦參，《雷公砲製論》説苦參的炮製方法是："凡使，不計多少，先須用糯米濃泔汁浸一宿，上有腥穢氣，并在水面上浮，并須重重淘過，即蒸，從巳至申，出，曬乾，細銼用之。"

總之，本例的"叚"不當讀爲"煅"，當讀如字，意爲"錘擊藥物使破碎"。

附記：

本文寫作中，參考了沈澍農教授2020年7月發表在微信群"重大項目簡帛醫書綜合研究"中的意見，特致謝！

---

①《大漢和辭典》（[日]株式會社大修館書店出版，1985年）即錯誤地斷讀爲"鍛石，所以爲鍛質也"（見其"碫石"條）。

從"意微"的釋讀看簡帛文獻詞彙的訓釋

龍國富①

【摘要】從語言學的角度研究簡帛文獻虛詞"意微"的釋讀，通過其釋讀討論簡帛文獻詞彙的訓釋問題。簡帛文獻詞彙的釋讀需要注意歷史詞彙的社會性，其表現在訓釋詞彙時需要正確處理常用詞和偏僻詞、常用義和偏僻義的關係，正確認識特定社會新詞新義的產生，做到簡帛詞彙訓釋與歷史詞彙學的理論方法相結合，以確保詞彙的準確釋讀。

【關鍵詞】虛詞"意微"；簡帛文獻詞彙；歷史詞彙

一、"意"的訓釋

上海博物館藏出土戰國楚竹書（七）《武王踐阼》簡1：

（1）武王問師尚父，曰："不知黄帝、顓頊、堯、舜之道在乎？意㬎（微）喪不可得而睹乎？"師尚父曰："在丹書。"（《上博七·武王踐阼》1、2）

整理者陳佩芬注："'意'謂'推測'。'㬎'與'微'通。《説文通訓定聲》：'微假借爲㬎。''微喪'，衰亡。"②

《武王踐阼》也見於傳世文獻《大戴禮記》，内容相同，文字有異。例（1）内容爲：

（2）召師尚父而問焉，曰："黄帝、顓頊之道存乎？意亦忽不可得見與？"（《大戴禮記·武王踐阼》）

孔穎達在《學記正義》、王聘珍在《大戴禮記解詁》中都把"意"釋爲"意念"，《解詁》引孔氏《學記》疏云："言意恒念之，但其道超忽已遠，亦恍惚不可得見與？"③這是舊訓詁學的釋義方法，據字形强爲之解，意在明經。

---

* 本文是國家社會科學基金重大項目"近代漢語後期語法演變與現代漢語通語及方言格局形成之關係研究"（項目編號：19ZDA310）的阶段性成果。

① 龍國富：中國人民大學文學院教授，博士生導師，主要研究漢語史、甲骨文、金文、簡帛出土文獻、佛經語言、構式語法與語法化。

② 陳佩芬：《〈武王踐阼〉釋文考釋》，馬承源主編《上海博物館藏戰國楚竹書（七）》，上海：上海古籍出版社，2008年，第152頁。

③ 張玉金《〈大戴禮記·武王踐阼〉新證》(《華南師範大學學報》《社會科學版》，2012年第2期）言："孔穎達《學記正義》、〔清〕王聘珍《大戴禮記解詁》均在'意'後斷句，把"意"看作實詞，訓爲'意念'。這都是錯誤的。"

陳佩芬把"意"釋爲"推測"義，没有脱離舊訓詁學方法。因爲今天看來，需要把詞彙訓釋與文字、語法聯繫起來。從文字的角度看，"意"借作"抑"；從語法的角度看，凡有"推測"義的"意"，當有動詞和副詞兩種用法，陳佩芬没有把兩種用法區分開來。用作動詞的"意"，一般充當謂語。而作推測副詞的"意"，則一般視爲借字"抑"。如：

（3）意仁義其非人之情乎！彼仁人何其多憂也？（《莊子·駢拇篇》）

春秋戰國時期，"意"的副詞和連詞用法都屬於"抑"的用法，"意"祇是"抑"的音近异形，"意"與"抑"音近而借用是普遍現象。所以王念孫《讀書雜志》云："'意'與'抑'同。"據此，此例中的"意"，用作副詞，讀作"抑"，表示揣測義，相當於"大概""也許"。復旦大學出土文獻與古文字研究研究生讀書會（簡稱"讀書會"）認爲，例（1）中的"意"讀爲"抑"，表示"或者""抑或"。并引孫詒讓説"與抑同"。① "意"普遍讀爲"抑"，這是詞彙的歷史語言社會性的表現。

而直到現代的研究，大多還把作副詞的"抑"與副詞"意"看作兩個詞。②如：

（4）夏，旱，公孫卿曰："黄帝時封則天旱，乾封三年。"上乃下詔曰："天旱，意乾封乎？其令天下尊祠靈星焉。"（《史記·封禪書》）③

（5）孟嘗君爲從，公孫弘謂孟嘗君曰："君不若使人西觀秦，意者秦王帝王之主也，君恐不得爲臣，何暇從以難之？意者秦王不肖主也，君從以難之未晚也。"（《吕氏春秋·不侵篇》）

（6）咎犯聞之不喜而哭，意不欲寡人反國邪？（《韓非子·外儲説左上》）

（7）知不足邪？意知而不能行邪？（《莊子·盗跖》）

（8）仲子所居之室，伯夷之所築與？抑亦盗跖之所築與？（《孟子·滕文公下》）

楊伯峻《古漢語虚詞》第273頁立"抑"字條，又在第275頁立"意"字條。對於例（4）（5）中的"意"，楊伯峻説："'意'可作傳疑副詞，表示不肯定，也作'意者'。"④把作副詞和連詞的"意"與"抑"看作兩個詞。中國社會科學院語言研究所古代漢語研究室編《古代漢語虚詞詞典》第727頁立"抑"字條，又在第729-730頁立"意"字條。對於例（6）中的"意"，該詞典説："'意'，

---

① 復旦大學出土文獻與古文字研究中心研究生讀書會：《〈上博七·武王踐阼〉校讀》，復旦大學出土文獻與古文字研究中心網（http://www.fdgwz.org.cn/Web/Show/576），2008年12月30日。
② 胡敕瑞説，現代學者普遍忽略了"抑"與"意"相通的事實，在不少著作中，多把"抑"看成兩個不同的選擇連詞。參見胡敕瑞《將然、選擇與意願——上古漢語將然時與選擇問句標記》，《古漢語研究》，2016年第2期。
③ 楊伯峻引文作：公孫卿曰："黄帝時，封則天旱。"乾封三年，上乃下詔曰："天旱，意乾封乎？"參見楊伯峻《古漢語虚詞》，北京：中華書局，1981年，第275頁。
④ 楊伯峻：《古漢語虚詞》，北京：中華書局，1981年，第275頁。

副詞，表示對動作行爲或情況的揣測，可譯爲'大概''也許'。"①也是把作副詞和連詞的"意"與"抑"看作兩個詞。例（7）（8）中的"意"和"抑"，呂叔湘説："所用關係詞有'意''抑'。"②此類觀點，無疑都把"意"與"抑"看作兩個詞。

其實，虛詞"意"在春秋戰國時期常借作"抑"，當作副詞和連詞時，"意"就是"抑"的同詞異形。它們音近而通，具有借用關係。"意"是本字，"抑"是借字。作副詞、連詞的"抑"源於"意"的虛化和語法化，在人們在使用中把作副詞、連詞的"意"都看作"抑"字，這就是"抑"和"意"的社會性表現。③

二、"微"的隸定和訓釋

"散"的楚文"𢼸"，有的學者將其隸爲"散"，有的則將其隸爲"幾"。關於該字的釋讀，目前觀點衆多，但都未得到學界的一致認可。下面，羅列學界對於楚文"𢼸"的隸定和釋讀的各種觀點：

第一種觀點，把楚文"𢼸"隸作"散"，有多種不同的釋讀：

a. 何有祖支持整理者的看法，把"散喪"讀爲"微喪"，指衰微、衰亡。④但是"微喪"這一詞彙形式在當時很少使用。

b. 陳偉把"散喪"讀爲"微茫"，指隱約暗昧之意。⑤

c. 高佑仁把"散喪"讀爲"微亡"，指式微減亡之意。⑥

d. 陳治軍把"散喪"讀作"迷茫"或者"恍惚"。⑦

e. 宋華强認爲簡文"散喪"即"微忽"，指事物微細難辨。⑧

經我們調查，上面所釋讀的"微喪""微茫""微亡""微忽"都不是當時

---

① 中國社會科學院語言研究所古代漢語研究室：《古代漢語虛詞詞典》，北京：商務印書館，1999 年，第 729-730 頁。
② 呂叔湘：《中國文法要略》，《呂叔湘全集》第一卷，瀋陽：遼寧教育出版社，2002 年，第 286 頁。
③ 關於副詞、連詞"抑"的語法化演變，可參見龍國富《假借與語境吸收——論漢語虛詞"抑"的語法化》，《語文研究》2016 年第 4 期。
④ 何有祖：《上博簡〈武王踐阼〉初讀》，武漢大學簡帛網（http://www.bsm.org.cn/?chujian/4965.html），2007 年 12 月 4 日。
⑤ 陳偉：《讀〈武王踐阼〉小札》，武漢大學簡帛網（http://www.bsm.org.cn/?chujian/5118.html），2008 年 12 月 31 日。
⑥ 高佑仁：《也談〈武王踐阼〉簡 1 之"微喪"》，復旦大學出土文獻與古文字研究中心網（http://www.fdgwz.org.cn/Web/Show/652），2009 年 1 月 13 日。
⑦ 陳治軍：《上博七〈武王踐阼〉"迷茫"試讀》，復旦大學出土文獻與古文字研究中心網（http://www.fdgwz.org.cn/Web/Show/1989），2013 年 1 月 1 日。
⑧ 宋華强：《〈武王踐阼〉"微忽"試解》，武漢大學簡帛網（http://www.bsm.org.cn/?chujian/5311.html），2009 年 7 月 7 日。

的常用詞，而是偏僻詞，很少使用。有的詞在春秋戰國時期還從未出現過。

第二種觀點，把楚文"敎"隸作"幾"，也有多種不同的釋讀：

a. 讀書會把"散"改讀爲"幾"，借爲"豈"，與後文連讀爲"豈喪"，指差不多。①

b. 廖名春把"散"改讀"幾"，當讀如字，意近於"無"，與後文連讀爲"幾喪"，指差不多完了。②劉洪濤也有類似的觀點，他說"散"爲"幾"，"喪"讀爲"沒"，"幾喪"即差不多沒了。③

c. 林清源改釋"散"爲"幾"，與前文連讀爲"意幾"，讀作"抑豈"，作連詞，如同"抑亦"。④

上面所釋讀的"豈喪""幾喪"也都很少使用，是偏僻詞。古漢語中"抑豈"與"抑亦"是兩個不同的詞彙，"抑亦"即"抑"，"亦"無義，而"抑豈"是兩個虛語素，"抑"可以做揣測副詞，"豈"可以做反詰副詞。如《左傳·成公二年》："夫齊，甥舅之國也，而大師之後也，寧不亦淫從其欲以怒叔父，抑豈不可諫誨？"

第三種觀點，季旭昇認爲楚文"敎"的隸定難以確定，或作"散"，或作"幾"。"⑤

本文認爲，楚文"敎"當隸作"散"，而不當隸作"幾"。

先看"散"的字形：

"散"最早見於甲骨文，如"敎"（甲骨文《陳》23），"敎"（甲骨文《京都》2146）。⑥字從攴屶聲。典籍通作"微"。《詩·邶風·柏舟》："日居月諸，胡迭而微。""散"，左偏旁"屶"，何琳儀釋作"屶"，象人戴羽毛飾物之形。"⑦金文與甲骨文同，如"敎"（周早如尊），"敎"（周晚牧師父簋）。戰國文字承襲金文，楚文"屶"字做偏旁時上部形體開口可以向左，也可以向右。如"敎"（春秋石鼓馬薦），"敎"（《上博三·周易》簡24）和"敎"（《上博四·曹沫之陣》簡24）。依何琳儀，上從羽下從人，上部偏旁共四畫，開口可以向左，也可以向右。⑧那

---

① 復旦大學出土文獻與古文字研究研究生讀書會：《〈上博七·武王踐阼〉校讀》，復旦大學出土文獻與古文字研究中心網（http://www.fdgwz.org.cn/Web/Show/576），2008年12月30日。
② 廖名春：《上海博物館藏楚簡〈武王踐阼〉篇管窺》，《新出楚簡試論》，臺灣：臺灣古籍出版有限公司，2001年，第261頁。
③ 劉洪濤：《用簡本校讀傳本〈武王踐阼〉》，武漢大學簡帛網（http://www.bsm.org.cn/?chujian/5199.html），2009年3月3日。
④ 林清源：《博簡〈武王踐阼〉"幾""微"二字考辨》，武漢大學簡帛網（http://www.bsm.org.cn/?chujian/5355.html），2009年10月13日。
⑤ 季旭昇：《上博七芻議》，復旦大學出土文獻與古文字研究中心網站，2009年1月1日。
⑥ 高明：《古文字類編》（增訂本），北京：中華書局，1998年，第422頁。
⑦ 黃德寬也說，"屶"甲骨文作"敎"，像人戴羽飾形。參見氏著《古文字譜系疏證》，北京：商務印書館，2007年，第3188頁。何琳儀：《戰國古文字典》，北京：中華書局，1998年，第1305頁。
⑧ 何琳儀：《戰國古文字典》，北京：中華書局，1998年，第1305頁。

麽，當開口向右時，它們就與楚文"✸"字左形相同，"✸"字左從屵右從攴，宜當隸作"歞"。

再看"幾"的字形：

"幾"最早見於金文，如"✸"（周中簠父壺），"✸"（周晚✸伯簠）。①字從人從✸，✸亦聲，指人在機滕之上。②《説文·丝部》："幾，微、殆也。從丝（絲）、戍。戍，兵守也。""微、殆"爲"幾"的引申用法。③戰國文字承傳金文。④楚文"幾"字，或從人從✸，如"✸"（《上博二·民之父母》簡1），"✸"（《上博四·曹沫之陣》簡21）。或從人從✸，如"✸"（《上博四·曹沫之陣》簡42）。可見，楚文"幾"字從"✸"中的"丝"省形或從"✸"中的"丝"形，與楚文"✸"字從"屵"的上部形體字形有别。

從"歞""幾"的字形演變看，楚文"✸"字當隸作"歞"，讀爲"微"，不宜隸作"幾"。

三、從"意微"的訓釋看簡帛文獻詞彙釋讀

首先，語言具有社會性，這是普通語言學的基本原理。歷史語言同樣具有社會性，這是歷史語言學的基本原理。這種社會性在歷史詞彙中的表現有兩個方面：

A. 語言是某特定歷史時期人們交往時一種穩定的社會工具，歷史詞彙應該是當時社會中的常用詞和常用義，而不是偏僻詞和偏僻義。

B. 語言是某特定歷史社會群體所交際的載體，歷史詞彙具有時代特徵，新詞新義的產生是時代的產物，是當時特定歷史社會語言交際需要的產物。⑤

以上關於"微"的釋讀中，出現"微喪""微茫""微亡""微忽""豈喪""幾喪""抑豈"等諸詞彙。從語言的社會性看，這些詞彙并不是當時社會普遍存在的常用詞常用義，也不是當時的新詞新義。其實，"微"不是與後文"喪"連讀，而是與前文"意"連讀爲"意微"，讀爲"抑無"。"抑無"是春秋戰國時期的固定結構，爲常用詞，其表揣測和選擇是常用義。林清源意識到了"意"與後文"微"連讀，但是把"微"讀爲"豈"，認爲"抑豈"就是"抑亦"，這也不符合語言社會性原則。因爲，簡文"✸"不隸作"幾"，又加之"抑豈"在當時不是一個詞，而是兩個詞。

---

① 高明：《古文字類編》（增訂本），第848頁。
② 黃德寬：《古文字譜系疏證》，北京：商務印書館，2007年，第2923頁。
③ 黃德寬：《古文字譜系疏證》，第2923頁。
④ 何琳儀：《戰國古文字典》，第1184頁。
⑤ Saussure, F. De. Course in General Linguistics. London: Peter Owen, Ltd, 1916, P9-78. 中譯本：《普通語言學教程》，高名凱譯，商務印書館，1980年。王力《訓詁學上的一些問題》，《王力文集》第19卷，山東：山東教育出版社，1990年，第182-202頁。

其次，我們認爲"微"當與"意"連讀，作"意微"一詞，讀作"抑無"，作連詞，表示選擇。其理由：

A. "意"與"抑"、"微"與"無"語音相通。"意"，影母職部；"抑"，影母質部，聲母爲雙聲，韻部爲職質旁轉。"微"，明母微部；"無"，明母魚部，聲母爲雙聲，韻部爲微魚旁轉。①

B. "微"與"無"通用普遍。如：

（9）晏子被元端，立於門曰："諸侯得微有故乎？國家得微有事乎？君何爲非時而夜辱？"（《晏子春秋·內篇雜上第十二》）

文廷式云："微，猶無也，下文司馬穰苴語同。"吳則虞案：《說苑》"事"作"故"。"得微"即"得無"，副詞，表示疑問語氣。"諸侯得微有故乎？國家得微有事乎"之大意爲：諸侯能夠做到沒有變故嗎？國家能夠不發生變故嗎？②又如：

（10）穰苴介冑操戟立於門曰："諸侯得微有兵乎？大臣得微有叛者乎？君何爲非時而夜辱？"（《晏子春秋·內篇雜上第十二》）

文廷式云："微，猶無也。"蘇輿云："《治要》'叛者'作'兵'，下有'大臣得微有不服乎'一句。"③又如：

（11）今民生長於齊不盜，入楚則盜，得無楚之水土使民善盜耶？"（《晏子春秋·內篇雜下第十》）

吳則虞案：《藝文類聚》"善"作"爲"。書鈔作"水土使之爲盜耶"。《白帖》九十九作"豈非楚之水土使然乎"。④"得無"，《白帖》作"豈非"。姚振武認爲，在《晏子春秋》中，"得微"和"得無"通用，表示疑問或者反問。"微"和"無"的聲母相同，韻部也相近。⑤

（12）式微式微，胡不歸？微君之故，胡爲乎中露？（《詩·邶風·式微》）

（13）微我，晉不戰矣。（《國語·周語中》）

（14）莊王曰："君之不令臣交易爲言，是以使寡人得見君之玉面而微至乎此。"（《公羊傳·宣公十二年》）

例（12）中的"微"，王引之《經傳釋詞》："微，無也。"例（13）中的"微"，

---

① 黃侃合脂微爲一部，王力分爲二部。王力認爲直到南北朝時期脂微還是分立的。參見王力《漢語語音史》，《王力文集》第10卷，山東：山東教育出版社，1990年，第47頁。
② 吳則虞：《〈晏子春秋〉集釋》，北京：中華書局，1982年，第319頁。
③ 吳則虞：《〈晏子春秋〉集釋》，第320頁。
④ 吳則虞：《〈晏子春秋〉集釋》，第395頁。
⑤ 姚振武：《〈晏子春秋〉詞類研究》，開封：河南大學出版社，2005年，第178頁。

毛傳、韋注并曰："微，無也。"例（14）中的"微"，王引之《經傳釋詞》："微，無也……言寡人得見君面，徒以君之不令臣爲惡言，激怒使然耳。而其實貳而伐之，服而舍之，無或至於滅國遷君若此之甚也。"何休注曰："微，喻小也。積小言語以致於此。"王引之《經義述聞》云："何注失之。"

C. "意亡"通"抑無"。如：

（15）爲其上中天之利，而中中鬼之利，而下中人之利，故譽之與？意亡非爲其上中天之利，而中中鬼之利，而下中人之利，故譽之與？（《墨子·非攻下》）

王引之《經傳釋詞》："意與抑同，亡與無同，皆語詞也。"再如：

（16）然今夫有命者，不識昔也三代之聖善人與？意亡昔三代之暴不肖人與？（《墨子·非命》）

蘇輿云："意與抑義同。'亡'字疑衍，或有誤。"吳毓江校注："意亡，抑也，轉語詞。"[①]我們支持吳毓江"意亡"讀"抑"的觀點，不支持蘇輿"亡"爲衍文或誤文的觀點。

D. "意亦"通"抑亦"，即指"抑"。如：

（17）不知天將以爲虐乎？使翦喪吳國而封大异姓乎？其抑亦將卒以祚吳乎？其終不遠矣。（《左傳·昭公三十年》）

（18）將以窮無窮，逐無極與？意亦有所止之乎？（《荀子·修身》）

王引之《經傳釋詞》："抑亦，或作'意亦'，或作'噫亦'，或作'億亦'，聲義并同，詞之轉也。""意亦"同"意無"，讀爲"抑"。

E. "意者"通"抑者"，即指"抑"。如：

（19）意者君乘駮馬而洀桓，迎日而馳乎，（《管子·小問》）

（20）其抑者從橫之事復起於今乎？（《漢書·叙傳》）

王引之《經傳釋詞》曰："意者，亦疑詞也。或作'抑者'。'意者'之言'或者'也。""意者"同"意無"，讀爲"抑"。

F. 傳世文獻"意亦"與出土文獻"意微"相對應。如：

（21）不知黄帝、顓頊、堯、舜之道在乎？意微喪不可得而睹乎？（出土本《上博七·武王踐阼》1、2）

（22）黄帝、顓頊之道存乎？意亦忽不可得見與？（傳世本《大戴禮記·武王踐阼》）

例（22）中的"意亦"，王引之《經傳釋詞》："'意亦'并與'抑亦'同，

---

① 吳毓江：《墨子校注》，北京：中華書局，1993年，第222頁。

詞之轉也。"又，《經義述聞》："《大戴禮・武王踐阼》：'意亦忽不可得見與？'王引之按'意與抑同。''意亦'同'抑亦'，'亦'無義。""意亦"，出土文獻作"意微"，都用作"抑"，"無""亦"無義。顯然，"意無/意亦/意者"與"抑無/抑亦/抑者"同，都作"抑"。

再次，關於"抑無"的語法意義。清代學者雖然發現了詞彙和語音的關係，"意無"即"抑無"，但是還没有現代語義學的觀念，祇意識到"抑無"是虛詞，或説"抑無，詞之轉"，或説"抑無，詞也"，不知道詞彙和語法的關係。我們認爲，"抑無"作連詞，表示選擇關係。其理由：

A. 詞彙與語義關係上，"意微"連接前後兩個具有對比意義的内容。例（21）出土本中，前後兩個小句具有對比關係。前一小句是説"黄帝、顓頊、堯、舜之道在"，後一小句是説"黄帝、顓頊、堯、舜之道喪不可得而睹"。兩個小句的内容具有鮮明的對比性，可以用於表選擇。例（22）傳世本爲："黄帝、顓頊之道存乎，意亦忽不可得見與"。同樣，這也是一個具有對比性的複句。其主旨在於"黄帝、顓頊之道到底是存在還是不存在"。二者具有可對比的項，可以用於選擇疑問。

B. 詞彙與語法關係上，由於"意微"前後内容有對比性，且前後有選擇關係的疑問語氣詞。出土本中句法出現有成對的由選擇關聯語氣詞所組成的複句結構"……乎，……乎"。傳世本中，則是由選擇關聯語氣詞"乎"和"與"所組成的複句結構"……乎，……與"。這類成對出現的語氣詞是上古漢語構成選擇複句的重要標志。又，"意微"在這種句法環境中語義虚化，其處於兩個小句之間，容易受選擇句法關係的影響，吸收選擇意義。

綜上所述，出土文獻《武王踐阼》中的"意微"即"意無"，讀作"抑無"，與傳世文獻"意亦/意者"用法相同，作連詞，表示選擇關係。

四、餘　論

語言具有社會性，這是普通語言學的基本原則。同樣歷史語言也具有歷史社會性，這是歷史語言學的基本原則。我們研究簡帛文獻中的歷史詞彙，需要有一個正確的語言具有社會性的觀念，把詞彙放到當時歷史語言的背景中去。就本文來説，作副詞和連詞時，"意"是"抑"的同詞異形，"意無""意亦""意者"分别是"抑無""抑亦""抑者"的同詞異形，在春秋戰國時期是常用詞彙。它們的用法都同"抑"。在句法中主要做副詞，表示揣測，做連詞，表示選擇，這些是當時的常用義。這類常用詞和常用義就是歷史語言的社會性，在解釋歷史詞彙時需要我們遵守。

可見，從語言的社會性來看，簡帛文獻詞彙所表達的，應該都是當時社會中的常用詞和常用義，而不是偏僻詞和偏僻義；簡帛文獻中所產生的新詞新義也應該都是當時社會中所產生的，是當時特定歷史語言交際需要的產物。我們在訓釋簡帛文獻詞彙的時候，除非有了絕對可靠的證據，否則寧可依照常用詞和常用義，不可依照偏僻詞和偏僻義。依照偏僻詞和偏僻義，曲解的危險性是很大的。[①]古代訓詁學家爲了明經解經，有時刻意求新，引用古代字書和古注中的偏僻詞和偏僻義，而曲爲之解，這是不足爲訓的。我們不能再走舊訓詁學的老路，要着眼於歷史詞彙的歷史觀和語言社會性原則，這是現代歷史語言學和歷史詞彙學理論方法。我們既需要從文獻出發，又需要具有現代歷史語言學和歷史詞彙學理論，把理論與出土文獻的釋讀結合起來，并在研究中總結和發展歷史語言學和歷史詞彙學理論。

[①] 王力：《訓詁學上的一些問題》，《王力文集》第 19 卷，濟南：山東教育出版社，1990 年，第 182-202 頁；又參見蔣紹愚《王力先生的漢語歷史詞彙學研究》，《北京大學學報》(哲學社會科學版)，2010 年第 5 期。

明清大型字書義訓失誤考証

熊加全[①]

【摘要】在對明清大型字書義訓内容進行全面測查與研究的基礎上，選其中義訓失誤的 11 字進行考辨，以期爲相關字的正確解讀提供參考。

【關鍵詞】明清大型字書；義訓失誤；辨正

明清是我國字書發展史的最後總結階段，在這一時期出現了《字彙》《正字通》《康熙字典》等一批重要的大型字書，對現代大型字典的編纂産生了重大影響。學界對這一時期的字書已有一些研究，取得了很大的成績，但其中仍有大量義訓失誤的内容。然而，這些内容基本上被現代大型字典《漢語大字典》（以下簡稱《大字典》）和《中華字海》（以下簡稱《字海》）未做考辨地加以繼承，降低了其編纂品質與利用價值。文章在對明清大型字書義訓失誤的内容進行全面測查與研究的基礎上，選取 11 字進行考辨，以期爲明清大型字書的整理與研究及現代大型字典的修訂與完善提供參考。文章各例先引《字彙》和《正字通》，然後以"按"字揭出筆者考釋。不當之處，敬請方家指正。

1. 俀

俀：《字彙·人部》："俀，他括切，音脱。狡也；輕也；可也。"[②]（36 下）

《正字通·人部》："俀，他括切，音脱。狡也；輕也。《魏志·王粲傳》：'劉表以粲體弱通俀，不甚重也。'"[③]（42 上）

按：《集韻》入聲末韻他括切："俀，《博雅》：'可也。'一曰狡也。一曰輕也。"（693）《集韻》徑訓"俀"爲"狡也"，當誤脱被訓連綿詞"倚俀"。箋注本《切韻》（斯 2071）入聲屑韻他結反："倚，倚俀。"（144）敦煌本《王韻》入聲屑韻他結反：

---

* 本文是國家社會科學基金項目"明清大型字書疑難字考釋與研究"（項目編號：21BYY027）；中國博士後科學基金特別資助項目"《字彙》《正字通》注音釋義對比整理與研究"（項目編號：2017T100600）的階段性成果。

[①] 熊加全：湖南科技學院方法學院教授，主要研究方面爲文字學、訓詁學。
[②] 〔明〕梅膺祚：《字彙》，上海：上海辭書出版社影印康熙二十七年（1688）刻本，1991 年，第 36 頁。後凡引是書不俱出注。
[③] 〔明〕張自烈、〔清〕廖文英：《正字通》，北京：中國工人出版社影印康熙九年（1670）序弘文書院刊本，1996 年，第 42 頁。後凡引是書不俱出注。

"僭（借），借悦。"（429）故宫本《王韻》入聲屑韻他結反："僭（借），～悦。"（517）故宫本《裴韻》入聲屑韻他結反："借，～悦。"（612）《唐韻》同。《廣韻》入聲屑韻他結切："借，借悦，狡獪。"（400）以上諸韻書皆其證也。《詳校篇海》卷五《人部》："悦，他括切，音脱。《博雅》曰：'可也。'一曰輕也。又借悦，狡獪也。"（373下）《篇海類編》同。以上二字書亦其證也。故《集韻》"悦"下"一曰狡也"之訓，當爲"一曰借悦，狡也"之脱誤。《字彙》《正字通》亦徑訓"狡也"，皆因承前而謬也。《大字典》"悦"字下據《字彙》之謬而徑收"狡"這一義項，亦不確。

2. 儂

儂：《字彙·人部》："儂，尼了切，音鳥。美也。又偠儂，舞者儂身若環也。一云偠儂，細腰。"（45上）

《正字通·人部》："儂，同裹。美也。又偠儂，舞者儂身若環也。一云偠儂，細腰。《集韻》或作嬲。"（64下）

按：《玉篇·人部》："儂，乃了切。偠儂，舞者儂身若環也。"（15上右）箋注本《切韻》（斯2071）上聲筱韻烏皎反："偠，偠儂，身弱好皃。"（135）敦煌本《王韻》上聲筱韻奴鳥反："儂，偠儂。"（394）故宫本《王韻》上聲筱韻烏皎反："偠，偠裹（儂），身弱好皃。"（481）下文奴鳥反又曰："儂，驛（偠）馬（儂）。"（481）《廣韻》上聲筱韻烏皎切："偠，偠儂，好皃。"同一小韻下文又曰："嫋，嫋嬲，細弱。"（200）下文奴鳥切又曰："儂，偠儂。"同一小韻下文又曰："嬲，嫋嬲。"（201）故"儂"當連"偠"字爲迭韻連綿詞，其訓"舞者儂身若環也"與訓"身弱好皃"訓異義同，皆義指"體態苗條嬌美"。又"嫋嬲"訓"細弱"，亦指"體態細弱嬌美"，與"偠儂"音義并同，故"嫋嬲"同"偠儂"。《集韻》上聲筱韻乃了切："儂嬲，美也。或從女。"（391）《集韻》謂"儂"同"嬲"是也；然其徑訓"美也"，當誤脱被訓連綿詞"偠儂"。《集韻》上聲筱韻尹鳥切："偠嫋，偠儂，美皃。或從女。"（392）此是其證也。故"嫋"即"偠"之異體字，而"嬲"即"儂"之異體字。《字彙》徑訓"美也"，亦誤脱被訓連綿詞"偠儂"，此即因承前而謬。又《說文·馬部》："裹，以組帶馬也。從衣，從馬。"（170下）"裹"，《廣韻》音"奴鳥切"。"儂"與"裹"音同義別，故《正字通》謂"儂"同"裹"，非是。《大字典》"儂"字下據《集韻》之誤而增收"美"這一義項，非是。

3. 儚

儚：《字彙·人部》："**儚**，武登切，音瞢。**儚儚**，惛也。又莫更切，音孟。悶也。"（45上）

《正字通·人部》："**儚**，同儚，與懜、懵通。"（64下）

按：《集韻》平聲登韻彌登切："儚，《爾雅》：'儚儚，惛也。'或作懜、懵、**儚**、顭。"（253）故"**儚**"同"儚""懜""懵""顭"，當訓"**儚儚**，惛也"。又《詳校篇海》卷五《人部》："僜，武登切，音瞢。僜僜，惛也。又武亙切，音孟。悶也。"（379下）《篇海類編》同。《詳校篇海》"僜"字下增補"悶也"這一義項，於前代字韻書皆無徵，疑非是。"瞢"本義指"目不明"，引申爲"悶"。《左傳·襄公十四年》："不與與會，亦無瞢焉。"杜預注："瞢，悶也。"故《詳校篇海》"僜"字下增補"悶也"這一義項，當因從"瞢"爲說而誤，疑不可據。《篇海類編》《字彙》等後世字書承襲其誤而未校正，俱失考證。《大字典》"僜"字下據《篇海類編》之誤而收錄"悶"這一義項，疑亦非是。

4. 厡

厡：《字彙·厂部》："厡，多言切，音顛。厡塚。又止也。亦作顅、巓。"（66上）

《正字通·厂部》："厡，俗顛字。舊注厡塚，又止也。非。別作顅、巓，并俗書。"（122下）

按：原本《玉篇·厂部》："厡，都田反。《爾雅》：'山厡，塚。'郭璞曰：'謂山顛也。'野王案：此亦顛字也。《毛詩》'首陽之顛'是也。在《真部》。木頂爲槙字，在《木部》。"（507）《名義·厂部》："厡，都田反。顛字。"（221下）《新撰字鏡·厂部》："厡，都田反。山顛。"（585）《玉篇·厂部》"厡，丁田切。止也。亦作顛。"（104下左）《玉篇》訓"止也"，於前代字書皆無徵，疑非是。《方言》卷六："顛，上也。"（41）《廣雅·釋詁一》："顛，上也。""厡"即"顛"之異體字，《玉篇》訓"厡"爲"止也"，當爲"上也"之誤。又故宮本《王韻》平聲先韻都賢反："厡，塚也。"（453）《廣韻》平聲先韻都年切："厡，厡塚。"（83）此注文之中的"厡"字當爲字頭誤重。此"塚"當義指"山頂"。《爾雅·釋山》："山頂，塚。"《詩·小雅·十月之交》："百川沸騰，山塚崒崩。"毛傳："山頂曰塚。"原本《玉篇》引《爾雅》作"山厡，塚"，今本《爾雅》作"山頂，塚"，故"山厡"同"山頂"，此"塚"即義指"山頂"。此"厡"亦當同"顛"。《玉篇·頁部》："顛，都堅切。頂也，山頂爲之顛。"（19上左）故"厡"訓"塚也"，與"顛"音義并同，即爲異體字。顧野王之說即其證也。又《集韻》平聲先韻多年切："顅厡，塚也。或省。"（160）《集韻》改訓"塚也"，非是。"塚"本訓墳墓。《玉篇·土部》："塚，知隴切。塚（當爲字頭誤重）墓也。正作塚。"（9上右）此是其證也。故《集韻》訓"塚也"，當爲"塚也"之誤。《龍龕》卷二《厂部》："厡，都年反。塚也。"（302）《龍龕》訓"塚也"，亦當爲"塚也"之誤。《大字典》收錄"厡"字，第一義項據《集韻》謂同"顅"，訓"塚"；第二義項據《玉篇》謂同"顛"，訓"止"。據上文可知，《集韻》訓"塚也"，當爲"塚也"之誤，而《玉篇》訓"止也"，當爲"上也"之誤，故《大字典》應於"厡"字下直謂同"顛"，其下再分爲兩個義項：第一義項謂同"顅"，訓"山頂"；第二義項訓"上"。《字海》亦收"厡"字，亦分爲兩個義項：第一義項謂同"顅"；第二義項謂同"顛"，亦失妥當。《字海》

亦應據上文於"厧"字下徑謂同"顛",然後再分爲兩個義項:第一義項謂同"顛",訓"山頂";第二義項訓"上"。

5. 姁

姁:《字彙·女部》:"姁,斯鄰切,音新。縣名。"(104上)

《正字通·女部》:"姁,須倫切,音洵。《説文》:'鈞適也。男女併也。'《長箋》:'旬,十日也,猶言女初來也,故從旬。'舊注:音新,縣名。無稽。"(237下)

按:《説文·女部》:"姁,鈞適也。男女併也。從女,旬聲。"(263上)《玉篇·女部》:"姁,息勻切。狂也。又音縣。"(17上右)《廣韻》去聲霰韻黃練切:"姁,狂也。又相倫切。"(313)《集韻》去聲霰韻熒絹切:"姁,《博雅》:'狂也。'"(569)《新修玉篇》卷四《女部》引《玉篇》:"姁,相倫切。狂也。"(29上左)《篇海》卷六《女部》引《玉篇》:"姁,息旬切。狂也。又音縣。"(654上)《直音篇》卷一《女部》:"姁,音荀。狂也。又音縣。"(26下)《詳校篇海》卷二《女部》:"姁,須倫切,音荀。狂也。又熒絹切,音縣。注同。又女妝。"(120上)《篇海類編》同。故據以上諸字韻書可知,"姁"有"音縣"這一讀音,而未有"縣名"這一義項,故《正字通》謂《字彙》"音新,縣名"無稽,所言是也。《大字典》"姁"字下據《字彙》之誤而收録"縣名"這一義項,亦失考證。

6. 嫃

嫃:《字彙·女部》:"嫃,止忍切,音軫。慎也。"(108下)

《正字通·女部》:"嫃,俗字。舊注:音軫。慎也。泥。"(248下)

按:《集韻》平聲真韻之人切:"嫃,女字。"(116)《新修玉篇》卷四《女部》引《餘文》:"嫃,之人切。女字。"(31上右)《篇海》卷六《女部》引《餘文》:"嫃,之人切。女名。"(656上)《直音篇》卷一《女部》:"嫃,音真。女字。"(26下)故"嫃"當音"之人切",訓"女字",即指"女子人名用字"。又《詳校篇海》卷二《女部》:"嫃,之人切,音真。女名。又上音軫。慎也。"(121下)《篇海類編》同。"嫃"字,《詳校篇海》又音"軫",訓"慎也",於前代字韻書皆無征,當因從"真"爲説而妄補。《韓非子·解老》:"真者,慎之固也。"《篇海類編》亦又訓"慎也",當爲《詳校篇海》所誤。《字彙》音"軫",訓"慎也",亦當因承襲前代字書之謬而誤。《大字典》《字海》"嫃"字下皆據《字彙》之説而收録"謹慎"這一義項,疑并非是。

7. 嫝

嫝:《字彙·女部》:"嫝,苦岡切,音康。女字。"(109上)

《正字通·女部》:"嫝,俗字。舊注:音康。女字。泥。"(250上)

按:《集韻》平聲唐韻丘岡切:"嫝,女字。"(223)《新修玉篇》卷四《女部》引

《餘文》:"嫝,苦岡切。女字。"(31上左)《篇海》同。《直音篇》卷一《女部》:"嫝,音康。女字。"(28上)《詳校篇海》卷二《女部》:"嫝,苦岡切,音康。女字。"(123上)《篇海類編》同。故"嫝"當訓"女字",即指"女子人名用字"。《康熙字典·女部》:"嫝,《集韻》丘岡切,音康。女字。一曰安也。"(221下)《康熙字典》謂"嫝"一曰"安也",於前代字韻書、文獻皆無征,當因從"康"爲説而妄補,疑不可據。《大字典》"嫝"字下據《康熙字典》之説而收録"安"這一義項,疑亦非是。

8. 翍

翍:《字彙·羽部》:"翍,篇夷切,音批。張羽貌。又古披字。揚子云《甘泉賦》:'翍桂椒而鬱栘楊。'"(370下)

《正字通·羽部》:"翍,匹衣切,音批。張羽貌。又與披通。揚雄《甘泉賦》:'翍桂椒而小栘楊。'"(854上)

按:《龍龕》卷二《羽部》:"翍,普碑反。翍張之皃。"(327)《廣韻》平聲支韻敷羈切:"翍,翍張之皃。"(16)《龍龕》《廣韻》訓"翍張之皃",疑非是。《名義·羽部》:"翍,普皮反。張也;散也;析也。"(264上)《玉篇·羽部》:"翍,普皮切。張也。亦作披。"(121下右)《漢書·揚雄傳上》:"翍桂椒,鬱栘楊。"顔師古注:"翍,古披字。"故"翍"當爲"披"之异體字,本當訓"張也"。《龍龕》《廣韻》訓"翍張之皃",注文中的"翍"字當爲字頭誤重。周祖謨校勘記謂注文中的"翍"字當作"羽",所言不確。《集韻》平聲支韻攀糜切:"翍,張羽皃。或書作翇。"(31)《集韻》轉訓作"張羽皃",疑非是。"翍"即"披"之异體字,義爲"張開""散開""分開",而非僅指"張羽貌"。《直音篇》卷七《羽部》:"翍,音披。張羽貌。翇,同上。"(281上)《直音篇》訓"張羽貌",當因承襲《集韻》之謬而誤。《詳校篇海》卷五《羽部》:"翍,篇夷切,音披。張羽也。亦作披。"(362上)《篇海類編》同。《詳校篇海》《篇海類編》訓"張羽也",亦因承襲前代字書之謬而誤。《字彙》《正字通》訓"張羽貌",亦然。《大字典》"翍"字下據《廣韻》《集韻》之誤而收録"張羽貌"這一義項,疑非是。又《集韻》去聲寘韻平義切:"披,散也。"同一小韻同一反切下字又曰:"翍,羽也。"(472)《集韻》又訓"翍"爲"羽也",於前代字韻書皆無徵,疑爲"散也"之誤,此"翍"亦當爲"披"之异體字,"平義切"當爲"披""翍"之"又音"。上文所引《名義》"翍"亦訓"散也",即爲其證也。《康熙字典·羽部》:"翍,《廣韻》敷羈切,《集韻》攀糜切,并音帔。張羽貌。《玉篇》:'張也。亦作披。'《前漢·揚雄傳》:'翍桂椒而鬱栘楊。'注:'翍,古披字。'又《集韻》滂禾切,音頗。飛貌。又《集韻》平義切,音髲。羽也。"(982下)《康熙字典》承襲《集韻》義訓之誤而未校正,亦失考證。《大字典》"翍"字下又據《集韻》收録"羽也"這一義項,疑亦非是。

9. 襂

襂：《字彙·衣部》："襂，所銜切，音衫。縫帛。一曰旌旗遊也。"（440 上）

《正字通·衣部》："襂，俗縿字。《集韻》：'縿，或作幓、襂、衫。'舊注音衫，旌旗斿，與《説文》縿訓同，誤分爲二。"（1032 上）

按：《新修玉篇》卷二十八《衣部》引《餘文》："襂，所銜切。絳帛。《説文》曰：'旌旗遊也。'"（226 下右）成化本《篇海》卷十三《衣部》引《餘文》亦曰："襂，所銜切。絳帛。《説文》曰：'旌旗遊也。'"（805 上）萬曆本《篇海》、正德本《篇海》同，然《大字典》所引《篇海》"絳帛"作"縫帛"，當以作"絳帛"爲是。《廣韻》平聲銜韻所銜切："縿，絳帛。《説文》曰：'旌旗遊也。'"（154）《集韻》平聲銜韻師銜切："縿，《説文》：'旌旗之遊也。'一曰正幅。或作幓、襂、襂、襂，通作鬖、衫。"（279）此即其證也。故"縫帛"當爲"絳帛"之誤，"襂"與"縿"音義並同，"襂"當即"縿"之異體字。《詳校篇海》卷五《衣部》："襂，所銜切，音衫。縫帛。《説文》：'旌旗遊也。'"（341 下）《篇海類編》同。《詳校篇海》《篇海類編》訓"縫帛"，皆因承襲誤本《篇海》之謬而誤。《字彙》亦訓"縫帛"，亦因承前而謬。《大字典》"襂"字下第 2 義項據誤本《篇海》《字彙》之謬而訓"縫帛"，而《字海》"襂"字下第 2 義項亦據《字彙》之謬而訓"縫帛"，俱失考證。《大字典》《字海》"襂"字應直謂同"縿"，其下再分爲兩個義項：第 1 義項據《集韻》訓"古時旌旗垂飾物的正幅"；第 2 義項據《新修玉篇》、成化本《篇海》、正德本《篇海》等校作"絳帛"。

10. 謶

謶：《字彙·言部》："謶，鋤佑切，音驟。僝僽，惡貌。"（458 上）

《正字通·言部》："謶，千候切，音驟。衆言會集也。舊注僝僽，惡貌，非。"（1082 上）

按：《集韻》去聲宥韻鉏救切："僽謶，僝僽，詈也。或從言。"（615）《新修玉篇》卷九《言部》引《餘文》："謶，鋤佑切。僝僽，惡言罵也。"（83 上左）《篇海》同。《直音篇》卷二《言部》："謶，音驟。惡言罵也。"（89 下）《詳校篇海》卷一《言部》："謶，鋤佑切，音驟。僝僽，惡貌。"（61 上）《篇海類編》同。故"謶"當即"僽"之異體字，當訓"僝僽，詈也"。《正字通》改訓"衆言會集也"，并謂"舊注"非，然既無書證亦無例證，當因從"言""聚"爲説而誤。《康熙字典·言部》："謶，《集韻》鉏救切，音驟。與僽同。僝僽，詈也。《字彙》：'惡貌。'《正字通》：'衆言會集也。'"（1236 下）《康熙字典》承襲《正字通》義訓之誤而未校正，失考證。《大字典》"謶"字下據《正字通》之説而收錄"衆言會集"這一義項，疑非是；《字海》"謶"字據《正字通》徑訓爲"衆言會集"，疑亦非是。

11. 讔

讔:《字彙·言部》:"讔,於謹切,音隱。訕言。又庚(廋)語。"(459上)

《正字通·言部》:"讔,與隱通。《吕覽·審應篇》:'成公賈之讔喻。'高誘注:'讔,謬也。'劉勰曰:'讔者,隱也。'……舊注音隱,是;訓訕言,非。"(1084上)

按:《集韻》上聲隱韻倚謹切:"讔,瘦(廋)語。"(358)《正字通》所言是也。《文心雕龍·諧讔》:"讔者,隱也。遯辭以隱意,譎譬以指事也。"此即其證也。故"讔"本當作"隱"。《字彙》訓"讔"爲"訕言",即如《正字通》所言,非是。《新修玉篇》卷九《言部》引《餘文》:"讔,於謹切。瘦(廋)語也。"下字曰:"讕,初覲切。訕言也。"(83下右)《篇海》卷三《言部》引《餘文》:"讔,於謹切。訕言也。"(612下)《篇海》訓"讔"爲"訕言也",於前代字韻書皆無征,當因誤脫"讕"字,故而誤植"讕"字之義於"讔"字之上所致的訓釋失誤。《集韻》去聲震韻初覲切:"讕,訕言也。"(542)此亦其證也。《詳校篇海》卷一《言部》:"讔,於謹切,音隱。訕言。又廋語。"(61上)《篇海類編》同。《詳校篇海》《篇海類編》"讔"字下收録"訕言"這一義項,皆因承襲《篇海》之謬而誤。《字彙》"讔"字下亦收"訕言"這一義項,亦因承襲前代字書之謬而誤。《康熙字典·言部》:"讔,《集韻》倚謹切,音隱。庚(廋)語也。《字彙》:'訕言也。'"(1239上)《康熙字典》承襲《字彙》義訓之誤而未校正,亦失考證。《大字典》"讔"字下據《字彙》之誤而收録"應答之言"這一義項,非是。

秦漢簡牘所見姓氏异寫及演變問題討論

李世持[①]

【摘要】秦漢簡牘中部分姓氏存在文字异寫現象，主要類型有假借字、异體字、訛誤字和古今字四種類型。姓氏文字异寫，對姓氏演變形成一定影響：有的是因爲文字异寫而發展成爲新的姓氏，有的是同一姓氏分化成爲不同的姓氏，有的是原本不同的姓氏訛混成爲同一個姓氏。研究秦漢簡牘姓氏异寫，對揭示當時文字使用現狀和釐清後世姓氏分化與合併都具有價值和意義，值得更進一步深入討論。

【關鍵詞】秦漢簡牘；姓氏；异寫；演變

傳統的姓氏演變研究，多關注政治文化方面的原因。在整理秦漢簡牘人名時發現，秦漢簡牘中部分姓氏出現了文字异寫現象。它們有的祇是文字的臨時假借，有的則對姓氏演變造成了一定影響。以下分別從秦漢簡牘姓氏异寫類型、文字异寫與姓氏演變及姓氏异寫研究的意義三個方面進行闡述。

一、秦漢簡牘姓氏异寫類型

秦漢簡牘姓氏异寫，主要由文字書寫的假借字、异體字、訛誤字、古今字等四種文字使用情況造成。

（一）假借字异寫

秦漢簡牘姓氏的假借字异寫，可以分爲兩類：一類是假借音同義通的假借字，一類是音同而意義無關的假借字。

1. 音同義通假借

音同義通的异寫姓氏，從詞彙角度看，要麽是同義詞，要麽是同源詞。如：

---

* 本文是國家社會科學基金項目"秦漢簡牘帛人名整理研究與人名辭典編纂"（項目編號：20XZS001）階段性成果。

① 李世持：貴州師範大學文學院、文學・教育與文化傳播中心，副教授，文學博士，主要研究領域爲簡牘文獻整理與研究。

（1）戍卒故=道=里上官宏年二十五上・步昌步昌同尚官宏代樊歆（馬269）
（2）戍卒尚官弘二月食用粟三石二斗二升自取（馬694）
（3）戍卒鉅鹿郡曲周孝里功師巻（肩73EJT1：130）
（4）觻得成信里大夫功師聖，年十八。長七尺二寸。黑色。（肩73EJT37：1582）
（5）觻得誠信里男子功師毚，年廿四歲。（肩73EJT29：135）
（6）戍卒趙國邯鄲東召里功孫定。（肩73EJT37：834）
（7）長脩車父功孫樂☑（居新EPT5.108）
（8）登山隧長觻得利成里功之□☑（肩73EJT7：51）
（9）次吞隧。卒魯侯、外人九月甲午迹盡庚申積廿七日，省殄北。
卒溫常、魯當時、壽樂九月甲午迹盡癸亥，積卅日。（居285.1）[1]

以上9例中，例（1）（2）是將復姓"上官"寫作"尚官"。"上""尚"二字古多通用。《同源字典》列舉諸多上、尚通用的例子。[2]是"尚官"與"上官"從字形看，有差異，但語義上没有差別，一般情况下仍寫作"上官"。但今四川省中江縣有"尚官"姓存在，却不知其源，或者與"上官"異寫成"尚官"有關。[3]

例（3）（4）（5）中"功師"姓，例（6）（7）中"功孫"姓，例（8）中"功之"姓，目前在姓氏書中均暫未見到記載。其實這3個復姓也非新發現姓氏，而是"工師""公孫""公之"三姓的異寫。"工"與"功"，古音均爲見母東韻，是同音異寫字。"工師"爲史上罕見復姓。《姓氏考略》：掌工匠之官，魯有邱工師駟赤，其子孫以官爲氏。"功孫"當是"公孫"的異寫。"工"與"功"，古音均爲見母東韻，王力《同源字典》："'工'是手工業工人，'功'是工作，'攻'是進行工作，三字同源。"可見"工師"與"功師"在意義上并無差別，僅是文字寫法不同，語音上也是同音假借。又看"公孫""功孫"，王力《同源字典》引《詩・豳風・七月》"載纘武功"，毛傳："功，事也。"又舉《爾雅・釋古》："公，事也。"據此，"公孫"與"功孫"意義上亦無差異，是文字和語音上的同源假借關係。同樣"功之"與"公之"也是同源關係。《姓韻》："公之氏，見《左》杜注。《世本》魯有大夫公之文。"《左傳・昭二十五年》："秦姬以告公之。"杜注："公之，平子弟。"雖然漢代出現了這些姓氏的異寫，但後世書寫姓氏仍以"工師""公孫""公之"爲正。

---

[1] 參張德芳著《敦煌馬圈灣漢簡集釋》，甘肅文化出版社，2013年，第226頁、288頁；甘肅簡牘保護研究中心等編《肩水金關漢簡（壹）》，2013年，中西書局，第18頁、160頁；《肩水金關漢簡（叁）》，2014年，第164頁；《肩水金關漢簡（壹）》，2015年，第132頁、245頁；張德芳主編，孫占宇著《居延新簡集釋（壹）》，甘肅文化出版社，2016年，第156頁；（台灣）簡牘整理小組編《居延漢簡（叁）》，2016年，第225頁。

[2] 王力：《同源字典》，北京：中華書局，2014年，第384頁。

[3] 參"國學大師網"（http://www.guoxuedashi.net/xingshi/5105ee/）姓氏類搜索。

例（9）中"懣常"，"懣"姓暫未見記載，而有"滿"姓。"懣"當是"滿"的假借。表示憂煩含義時，二字可以假借。《説文·心部》"懣"下，段玉裁注："古亦借滿爲之。"《漢書·佞幸傳》："憂滿不食。"顏師古注："滿讀曰懣。音悶。"可見"懣常"是"滿常"的假借異寫。秦漢簡牘中另有數例"滿"姓人士，如"滿順[肩]73EJT24：132、滿馬[居新]EPT51.737、滿昌[額]2000ES9SF3：5、滿真[集.晉浦.16]"等。

2. 音同義别假借

秦漢簡牘姓氏異寫還有假借同音字的情況。如：

（10）居延司空佐萁毋豐　（居86EDT22：13）
（11）戍卒河池上里期毋伯年三十八上廣武尸期毋伯代唐歜（馬272）
（12）陵狐子文爲陵叩頭。請此記上（馬849）①

以上3例，例（10）是"萁毋"姓氏的正寫，例（11）"期毋"是異寫。"萁"與"期"均從"其"得聲，音近相通。但"期"與"萁"在意義上就没有任何關係了。例（12）將復姓"令狐"寫作"陵狐"，"陵"當是"令"的假借字。"陵"字古音在來母蒸部，"令"字古音在來母耕部，二者聲同韻近，是音近假借。同類型的異寫還有：將"京城"寫作"京成"，如"京成子軋[肩伍]73EJC：474"；"陽城"寫作"陽成"，如"陽成未央[肩]73EJT37：767、陽成武[肩]3EJF3：181"等；又有將"城"寫作"誠"，如"誠程霸[肩]73EJT21：153、誠常富[肩]73EJD：17"等，此不一一贅述。

（二）异體字異寫

除了文字假借形成的姓氏異寫之外，异體字也是秦漢姓氏異寫的一個原因。如：

（13）䱹得武安里黄②壽，年六十五。（居284.12）
（14）虞西部候史黄放六月食。　（地86EDT5H：108）③

上例（13）（14）中"黄"字的寫法，與現代簡化字的寫法完全相同，顯然是"黄"字的儉省寫法，形成了黄姓的異寫形式。這種寫法在東秦漢簡牘牘中也有，如：

（15）今遣黄唐寄下，必以付，來二小大□冀（？）告。（尚2011CSCJ482②：8-5背）④

---

① 參甘肅簡牘博物館等編《地灣漢簡》，中西書局，2017，第131頁。《敦煌馬圈灣漢簡集釋》第227頁、312頁。
② 《居延漢簡（叁）》，第222頁。《地灣漢簡》第187頁。
③ 黄，圖版作"󰀀"，整理者隸定爲"黄"，當改爲"黄"。
④ 參長沙市考古研究所編《長沙尚德街東漢簡牘》下編《長沙尚德街出土東漢簡牘及釋文》，第187頁。

（三）訛誤字异寫

秦漢簡牘姓氏异寫的第三種類型是訛誤字异寫。如：

（16）韓宫尉弘從者好時吉陽里不更莫于禹，年卅九。長七尺四寸，黑色。肩73EJT37：983

（17）綦毌君孟錢三百六十八。（居177.1）①

以上2例的"莫于"和"綦毌"姓都暫未見到記載。但顯然"綦毌"應該就是"綦毋"的傳抄訛誤字。

"莫于"，暫未見記録，但史有"莫干"。《中華古今姓氏大辭典》："歷史上代北地區復姓。《鄭通志·氏族略》有載，後改爲'部'"。又按語説："疑此'莫干'氏，即'大莫干'之訛。大莫干，或作'大莫于'"。②

竇學田認爲"莫干"姓，可能是代北三字復姓"大莫干"的訛誤。在秦漢簡牘中，"莫于"這個姓氏，目前也僅此1處。不過人物的籍貫身份十分清楚，此人爲好時縣吉陽里人士，軍爵爲不更。好時縣在西漢屬右扶風郡，治所在今天陝西乾縣東十里的好時村。又代郡在西漢時的轄境相當今天的山西省陽高、渾源縣以東，河北省懷安、淶源縣以西的内外長城間地及内蒙古自治區興和縣等地。從地域看，有關聯的可能性。從字形看，"于""干"二字形近，容易造成訛混。結合"鮮于""淳于"等復姓的書寫形式考慮，或者"莫于"是正，而"莫干"是訛誤也未可知。此姓有待進一步考證。

（四）古今字异寫

秦漢姓氏的异寫，還有一種類型是古今字。如：

（18）不更與里寎它☐（里9-1667）

（19）觀津亭里桼便，字子孝。尊年卅三，長七尺。（肩73EJD：8A）

（20）辛南陽山都習里公乘扇登，年卅六，長七尺二寸。（肩73EJT3：51）③

以上3例中"寎""桼""扇"三個姓氏，雖然在姓氏書中未能查到記載，但有"寢""漆"和"漏"等姓氏存在。

《説文·宀部》寢：臥也。從宀，侵聲。段玉裁注："今人皆作寢。"《類篇》："古作寎。"可見"寎"是"寢"的古文，其後文字演變，寫作"寢"。

---

① 《肩水金關漢簡（肆）》2015年，第153頁。《居延漢簡（肆）》，第189頁。
② 竇學田：《中華古今姓氏大辭典》，北京：警官教育出版社，1997年，第412頁。
③ 參湖南省文物考古研究所編著《里耶秦簡（貳）》，文物出版社，2017年。第181頁；陳偉主編、魯家亮、何有祖、凡國棟撰《里耶秦簡校釋（第二卷）》，武漢大學出版社，2018年，第345頁；《肩水金關漢簡（伍）》，第117頁；《肩水金關漢簡（壹）》，第66頁。

又《說文·杰部》："木汁。可目髹物。"段玉裁注："木汁名杰，因名其木曰杰。今字作漆而杰廢矣。"張澍《姓韻》："見《左傳》。《姓苑》：'漢有漆沱，爲魯相。'"①

《說文·雨部》："屋穿水下也。從雨在屍下，屍者，屋也。"段玉裁注："今字作漏，漏行而屚廢矣。"可見，二字其實是古今字的關係，"漏"姓在漢代文字書寫作"屚"，則"屚"就并非是未見記載的姓氏，而是因時代不同文字書寫演變造成的古今異寫姓氏。張澍《姓韻》記錄了"漏"姓見於《姓譜》，例舉《五代史》："宋有漏恭朝—作期，行軍司馬。"②可見"屚"姓在五代時，文字已寫作"漏"，而"屚"姓則就此淹沒不見。

二、异寫造成的姓氏演變

姓氏書寫形式不同，對姓氏演變也形成了一定的影響。就其影響的類型看，有以下三種情況。

（一）形成新的姓氏

因爲异寫，有些姓氏就演化出了新姓氏。如上文提到的"上官"寫成"尚官"，今四川省中江縣不知來源的"尚官"姓，極有可能就是"上官"的异寫造成。秦漢簡牘中，還有類似這種情況的姓氏。如：

（21）始建國元年七月庚午朔丙申，廣地隧長鳳以私印兼行候文書事。
移肩水金關：遣吏卒官除名如牒，書到出入如律令。A
粱鳳私印。七月廿八日南。令史宏。B　　　　　（肩73EJF3：125）③

上 2 例中，例（21）中的"粱"姓與例（22）中的"候"姓，均來源不明。竇學田："現行罕見姓氏，今江西之新餘有分布。……未詳其源。"④秦漢簡牘中，"粱""梁"有通用情況存在，"梁國"也寫成"粱國"。如：

（22）田卒粱國睢陽朝里寇遂，年卅二。庸同縣丞全里張遂，年廿八。（肩73EJT21：373）

（23）戍卒梁國睢陽新平里公乘孫願，年廿六。（居140.3）⑤

上 2 例中，例（22）中"梁國"之"梁"寫作"粱"，而例（23）寫作"梁"，

---

① 〔清〕張澍《姓韻》，西安：三秦出版社，2003 年，第 1211 頁。
② 〔清〕張澍《姓韻》，第 1120 頁。
③ 《肩水金關漢簡（伍）》，第 125 頁。
④ 竇學田：《中華古今姓氏大辭典》，第 357 頁。
⑤ 《肩水金關漢簡（貳）》，第 78 頁。《居延漢簡（貳）》，第 95 頁。

可見秦漢簡牘中"梁"姓與"粱"姓應該并無差别。發展到後世,"粱"姓變成姓氏書中没有的姓氏,成爲新的姓氏。

(二)分化成不同的姓氏

秦漢簡牘中有些姓氏的假借字异寫,最後演變成兩個姓氏。如爰姓與袁姓,秦漢簡牘中,均較多見,略舉例如下:

(24)䤲得敬老里爰充,年卅三。長七尺三寸,黑色。字遊君。(肩 72EJC:240)
(25)金城卒爰陽載芨二百廿　　(地 86EDT34:8)
(26)出穤麥一斛八斗以給卒爰永三月食(馬 313)
(27)戍卒陳留郡平丘史蓋里爰蓋之(居 45.27)
(28)陳留郡雍丘邑中慶里公大夫爰禄,年卅一。(居新 EPT56.111A)
(29)卒袁賢粟三石二斗二升,四月戊戌自取。(居新 EPT52.570)
(30)戍卒梁國睢陽華里士五袁豹,年廿四。(肩 73EJT5:14)
(31)東郡戍卒東阿靈里袁魯衣橐。(居 100.1)①

歷代姓氏書對袁姓和爰姓的來源均無异議,一致認爲氏來源於陳胡公嬀滿之後。《元和姓纂》卷四第 56 條袁下説:"嬀姓,舜後陳胡公滿之裔。胡公生申公。申公生靖伯庚。庚生季子愔。愔生仲牛甫。甫七代孫莊伯,生諸,字伯爰。孫宣仲濤塗,以王父字爲氏。代爲上卿。字或作'爰''轅',其實一也。轅頗十一代孫袁生。"②時至今日,袁氏發展成常見姓氏,而爰氏成爲罕見姓氏。③

同是姓氏的异寫,"袁""爰"的發展狀況迥异,與其書寫用本字還是借字有密切的關係。王引之名字關係"五體六例"理論認爲,名字之間有或同或反,或連類或指實或辨物的語義關聯。并解釋"諸""爰"之間關係:"'諸'讀爲'堵','爰'讀爲'垣'。"④認爲陳諸字伯爰取義爲墻垣。周法高《周秦名字解詁彙釋補編》朱駿聲説:"袁,託名幖識字。僖四,陳袁濤塗,釋文本作轅。"⑤二者説法均有不當。《説文·言部》:"諸,辨也。"段玉裁注:"凡舉其一則餘謂之諸以别之,因之訓爲衆也。"《説文·衣部》:"袁,長衣皃。"衆與長有多或寬大的含義,這樣的人名還有"晋女寬字叔褒"。故而,陳諸字伯爰當是字伯袁,"袁"爲正字而爰爲假借字。王氏爲解釋"爰"的"援引"義"諸"有關係,不

---

① 參《肩水金關漢簡(伍)》,第 198 頁;《地灣漢簡》,第 133 頁;《敦煌馬圈灣漢簡集釋》,第 234 頁;《居延漢簡(壹)》,第 145 頁、274 頁;馬智全《居延新簡集釋(肆)》,第 209 頁;李迎春《居延新簡集釋(叁)》,第 375 頁;《肩水金關漢簡(壹)》,第 105 頁。
② 〔唐〕林寶:《元和姓纂》,北京:中華書局,1994 年,第 433 頁。
③ 竇學田:《中華古今姓氏大辭典》,第 778 頁。
④ 〔清〕王引之:《經義述聞·春秋名字解詁》,上海:上海古籍出版社,2016 年,第 1377 頁。
⑤ 周法高:《周秦名字解詁彙釋補編》,臺北:中華書局,1964 年,第 64 頁。

惜輾轉，就顯得迂曲了。雖然朱駿聲意識到"袁"爲"託名幖識字"即專有名詞，也沒有解釋與"諸"有何關係，但他指出了陳袁濤塗之"袁"氏之"袁"是正字。"袁""轅""爰"三字得以假借通用，是因爲它們的古音都在匣母元韻，是同音假借。隨着假借的時間逐漸久遠，人們就誤以借字爲本字，將"伯袁"認爲"伯爰"了。而現代"袁"發展成爲常見姓氏，"爰"發展成爲罕見姓氏，應該與袁氏子孫對本字認同有一定關係。

（三）訛混成同一姓氏

有的姓氏由於文字的異寫，原本來源不同的姓氏訛混成了一個姓氏。如：

（32）寧尊叩頭白記，王君門下。（敦1983）
（33）甯尊叩頭白記，王君門下。（疏452）[1]

上例（32）（33）是同一枚簡牘，分別收入了敦煌秦漢簡牘和疏勒河秦漢簡牘中，同人姓氏，敦煌秦漢簡牘隸定爲"寧"，疏勒河秦漢簡牘隸定爲"甯"。圖版作"甯"，據圖版，當是"甯"姓。那麼"寧""甯"究竟是否爲一個姓氏呢？

關於寧姓的來源，《姓韻》說："見《氏族略》。《史記》：'寧越，趙人，爲六國謀士。'"[2]又說："甯，見杜預《左傳》注、《氏族譜》。《姓苑》：'齊有甯戚，衛人，扣牛角而歌《碩鼠》。'又周有甯越，中牟人，發憤學十三年，爲威王師。"[3]《中華古今姓氏大辭典》引《姓氏考略》注"寧"姓源於秦襄公曾孫謐寧公，支庶以爲氏。同書"甯"下來源與"寧"同，另又說源於衛武公之後。[4]

以上關於二姓來源的記載說明早在秦漢時期，二姓就已經訛混不清了。秦漢簡牘文獻中，"甯""寧"均見，上例中人名明顯指稱同一人，但整理者的釋文不同。說明時賢對二姓的認識也很不統一。下面我們嘗試從語言文字發展的角度來談談二姓的演變情況。

寧姓的來源之一是秦寧公之後。謐號寧公之"寧"，謐法未見。《說文·丂部》說："願詞也。"段玉裁注："其意爲願，則其言爲寧，是曰意内言外。《宀部》說：寍，安也。今字多假寧爲寍，寧行而寍廢矣。"段氏注文表明"寧"本義是"寧願"，表示"安寍"的"寍"常借用"寧"來表示。由此可見秦寧公之"寧"，從意義上看，應該是"安寍"的"寍"字。《謐法》說："好和不爭曰安。"[5]那麼寧姓的本字應該是"寍"，因爲假借的關係而寫作了"寧"，并且

---

[1] 甘肅省文物考古研究所：《敦煌漢簡》，中華書局，1991年，圖版壹陸壹。林梅村、李均明：《疏勒河流域出土漢簡》，文物出版社，1984年，61頁。因爲該書以簡體行文，"甯尊"作"宁尊"，實際是分不清楚到底是哪一個"宁"的。
[2]〔清〕張澍《姓韻》，第585頁。
[3]〔清〕張澍《姓韻》，第1110頁。
[4] 竇學田：《中華古今姓氏大辭典》，第2439、440頁。
[5]〔漢〕司馬遷：《史記》，北京：中華書局，2014年，第4074頁。

本字逐漸不用，而用借字"寧"來表示安寍之意。如《爾雅·釋詁》説："寧，安也。"又《説文·用部》"甯"下："所願也。"段玉裁注："此與《丂部》'寧'音義皆同。許意'寧'爲願詈，'甯'爲所願，略區别耳。二字古皆平聲，故'公孫寧儀行父'，《公羊》作'公孫甯'也。《漢·郊祀歌》："穰穰復正直往甯。"師古曰：'言獲福既多，歸於正道，克當往日所願也。''甯'音'寧'。"

這樣"寍""寧""甯"三字的關係是："寍"和"寧"是本字和假借字的關係，并且在文字使用過程中假借字逐漸取代了本字，這樣"秦寍公"就變成了"秦寧公"。而"寧"和"甯"在表示"所願"這一含義的時候，音同義近，二字得以通用，於是"寧公"又可以寫作"甯公"。所以《史記》記載的"寧越"，《姓苑》記爲了"甯越"。這一演變過程中，"甯"在一定程度上也可以用來表示"安寍"。"楚公孫甯字子國"，王引之解詁："哀十六年《左傳》曰：'沈諸梁兼二事，國甯。'"如此而言，公孫甯字子國，名字取義就與"所願"的本意無關，而與假借義"安寧"相關了。

"甯"姓的來源之一是衛武公之後。《尚友録》説："甯，齊郡徵音。衛康叔之後，至成公生季亹，食采於甯，以邑爲氏。"[1]據《尚友録》之説，"寧""甯"二姓至少在春秋時期是應該不同的，"寧"姓來源於秦寧公，是以謚爲氏；而甯姓來源於衛季亹，是以地爲氏。但是由於文字應用中的轉相假借，至於後世二姓混淆，不可辨别。而現代使用簡化字，"甯""寧"二字均簡化爲"宁"，則更無法分辨了。

三、秦漢簡牘姓氏异寫研究意義

秦漢簡牘姓氏的异寫主要有假借、异體、訛誤、古今字等文字書寫和應用問題造成。其中异體字和古今字對姓氏的發展和演變都不會造成大的影響，但是假借字和訛誤字很可能造成姓氏的分化和訛混。研究秦漢簡牘姓氏的异寫，不僅能夠原樣保存當時的文字使用狀況，還能夠藉助文字的假借和訛誤釐清部分姓氏的分化和合并，對弄清中華姓氏的演變發展，具有重要意義。

（一）爲文字研究提供實例

秦漢簡牘姓氏异寫有文字的假借、异體、訛誤和古今等類型，在一定程度上揭示了當時文字使用的現狀，如：

（34）長贛所稟董崇、黄少，不在（居新 EPT59.652B 五欄）

---

[1]〔明〕廖用賢：《尚友録》卷十九，參"古籍綫上"（http://www.guoxuemi.com/gjzx/931596ffaw/104750/）。

（35）食粟三石三斗三升少。八月己卯卒吴餘取。（居新 EPT59.24）①

上 2 例中，例（34）"黄"寫成"黄"，圖版作"𦰌"。例（35）中"吴"寫成"吴"，圖版作"吴"。"黄""吴"二字，圖版與後世該二字的簡體寫法十分相似。由此可見，漢代對此二字的書寫就有了簡化的趨勢，這是符合文字元號的整體演變規律的。故而研究姓氏的异寫對文字研究能夠提供實例。

（二）釐清部分姓氏的分化和合并

與傳統姓氏研究關注政治文化因素不同，秦漢姓氏异寫研究從文字演變角度探討姓氏的發展演變，揭示了一些從文化角度無法解釋的姓氏演變問題。如上文討論的"尚官"和"梁"等姓氏，從政治文化上無法解釋二姓的來源，但從文字异寫的角度，就可以很好的解釋二姓的來源。"寧""甯"二姓原本來源不同，但由於文字异寫的相互假借，造成了二姓訛混成爲一個姓氏，這樣就找到了姓氏合併的原因。

總之，文字的應用在一定程度上對姓氏的發展演變造成了深遠的影響，值得進一步深入討論。

---

① 肖從禮《居延新簡集釋（伍）》，第 198 頁、120 頁。

論里耶秦簡"續食文書"即秦代傳信

郭偉濤①

【摘要】里耶秦簡 5-1、8-1517 等八枚文書包含"續食"字樣,學界通常稱爲"續食"文書,青木俊介等認爲是與傳信配合使用的另一種文書。文章結合漢代傳信用語,深入辨析了這類文書的關鍵詞"來復傳",認爲就是歸程再次使用傳信之意,進而主張里耶秦簡八枚所謂"續食"文書就是秦代傳信。這一問題的澄清,有助於秦漢交通制度的研究。

【關鍵詞】"續食"文書;來復傳;傳信

無論古代還是現代,官員公務出差之際,應該都可享受飲食住宿等公用招待,當然,出差者毫無疑問需要持有相關憑證。這類憑證,在後期有"過所""路引"等種種稱呼,而在秦及西漢則稱爲傳。對於秦漢通行證件,學界有傳、傳信或傳文書等稱謂,同時爲了區別公私出行,公務出行的憑證一般稱爲公傳,私人出行的憑證爲私傳。

從傳世文獻看來,秦代即已有傳信制度。《史記》載"孟嘗君得出,即馳去,更封傳,變名姓以出關……秦昭王後悔出孟嘗君,求之已去,即使人馳傳逐之"②,説的是孟嘗君受困於秦,得雞鳴狗盜之助才脱困。其中"更封傳",司馬貞《索引》注解爲"改前封傳而易姓名"③,無疑是傳信。秦昭王後"使人馳傳逐",無疑是指乘坐傳車。《史記》載藺相如持和氏璧到秦國,秦昭王"舍相如廣成傳",司馬貞《索引》即曰"廣成是傳舍之名"。④可見,秦的傳信、傳車、傳舍等相關設置一應俱全。出土文獻也不乏相關例證。如嶽麓秦簡一條秦令規定,"諸乘傳、乘馬、傳(使)馬傳(使)及覆獄行縣官,留過十日者,皆勿食縣官,以其傳禀米,叚(假)鬻甗炊之"⑤,内容涉及官員出差途中的飲食。"諸乘傳"講乘坐傳

---

* 本文是"古文字與中華文明傳承發展工程"資助項目"青海大通上孫家寨漢簡整理"(項目編號:G2432)的階段性成果。

① 郭偉濤:清華大學出土文獻研究與保護中心、"古文字與中華文明傳承發展工程"協同攻關創新平臺,副教授。

② 《史記》卷七五《孟嘗君列傳》,點校修訂本,北京:中華書局,2013年,第2849頁。

③ 《史記》卷七五《孟嘗君列傳》,第2850頁。

④ 《史記》卷八一《藺相如廉頗列傳》,第2945頁。

⑤ 陳松長主編:《嶽麓書院藏秦簡(伍)》,上海:上海辭書出版社,2017年,簡號257。

車，"以其傳禀米"，則是按照傳信的要求給予米糧，兩者都涉及秦代傳信。傳世文獻和出土文獻的相關記載，無疑都説明秦存在成熟的傳信制度。

不過，雖然可以肯定秦代存在傳信制度，但傳文書内容一直不得其詳。之所以如此，一方面緣於傳世文獻專注於上層政治和人物，并不青睐這類常見的具體事物，另一方面則因爲學界雖然對漢代傳信的認識非常深入，[1]但對秦代傳信關注不足。幸運的是，2002年湖南龍山縣里耶鎮出土了秦代洞庭郡遷陵縣的文書遺留，其中就有包含"續食"字樣的秦代傳文書。比對漢代傳信不難發現，這類文書通常包含的"續食""來復傳""謁告過所縣鄉"等用語，尤其是"謁告過所縣鄉"，都是傳文書的標配，究其實質就是秦代傳信。不過，學界多未考慮其性質，往往就便稱爲"續食"文書，[2]唯有青木俊介將"續食"文書與傳文書聯繫起來考察，但明確否認其爲傳文書。[3]新近有學者討論漢代傳文書時，回溯秦代，引用殘簡8-50+8-422，稱爲"具有傳功能的文書"，[4]可見認識較爲含混。

目前來看，衹有青木俊介的觀點最爲明確，即否認以5-1爲代表的里耶秦簡"續食"文書就是秦代傳信。細察其觀點，對於"來復傳"一詞含義的誤解，乃是其立論的關鍵依據。爲正確認識這批文書的性質，促進秦漢交通制度的研究，本文從對"來復傳"含義的考辯入手，以澄清相關問題。

一、"來復傳"含義考

目前發現的"續食"文書，共計5-1、8-50+8-422、8-110+8-669、8-169+8-233+8-407+8-416+8-1185、8-694、8-1517、8-1847、9-1886等八枚。9-1114雖然也有"續食"字樣，但并非"續食"文書（詳下）。爲討論方便，參照原簡行款，移録幾枚完整且有代表性的"續食"簡如下：

1.1、元年七月庚子朔丁未，倉守陽敢言之：獄佐辨、平、士吏賀具獄縣官，食盡甲寅。謁告過所縣鄉，以次續食，雨留不能，投宿齋。來復傳。零陽田能自食，當騰，期卅日。敢言之。/七月戊申，零陽龔移過所縣鄉。/齮手。/七月庚子朔癸亥，遷陵守丞固告倉嗇夫：以律令從事。/嘉手。　　5-1

遷陵食辨、平，盡己巳旦□□□□遷陵。

七月癸亥旦，士五（伍）臂以來。/嘉發。　　5-1背

---

[1] 相關研究綜述，可參侯旭東《傳舍使用與漢帝國的日常統治》，《中國史研究》，2008年第1期；郭偉濤《漢代的傳與肩水金關》，《簡帛研究》，2018年春夏卷。
[2] 鄔文玲：《里耶秦簡所見"續食"簡牘及其文書構成》，《簡牘學研究》第五輯，2014年；余津銘《里耶秦簡"續食簡"研究》，《簡帛》第十六輯，2018年。
[3] [日]青木俊介：《里耶秦簡の「続食文書」について》，《明大アジア史論集》第18號，2014年，第14-35頁。
[4] 張鵬飛：《西北漢簡所見"傳"文書研究》，河南大學碩士學位論文，2019年。

1.2、☐寅①倉☐建☐☐☐：畜官適☐☐
☐☐謁告過所縣鄉，以次續食。雨☐
☐騰騰。遷陵田能自食。敢言之。☐
☐☐☐☐丞遷移酉陽、臨沅。/得☐　　8-50+8-422

1.3、卅五年二月庚申朔戊寅，倉☐擇敢言之：隸☐餡爲獄行辟書彭陽，食盡二月。謁告過所縣鄉，以次牘（續）食，節（即）不能，投宿齋。遷陵田能自食。未入關縣鄉，當成齋，以律令成齋。來復傳。敢言之。☐　8-169+8-233+8-407+8-416+8-1185
　　☐擇手。　　　　8-169+8-233+8-407+8-416+8-1185 背

1.4、卅五年三月庚寅朔辛亥，倉衙敢言之：疏書吏、徒上事尉府者牘北（背），食皆盡三月。遷陵田能自食。謁告過所縣，以縣鄉次續食如律。雨留不能，投宿齋。當騰騰。來復傳。敢言之。　　　　　　8-1517

令佐溫。

更戍士五（伍）城父陽翟執。

更戍士五（伍）城父西中痤。

粲手。　　　　　8-1517 背

不難看出，以上舉簡牘爲代表的里耶秦簡"續食"文書，往往出現"謁告過所縣鄉""以次續食""雨留不能投宿齋""來復傳""田能自食""當騰騰"等固定搭配。關於其釋文、句讀、語義、程式等，學界已做了較多分析，②爲本文討論奠定基礎。

對於本文來說最爲關鍵的"來復傳"，此前整理者襲用《漢書·終軍傳》顏師古關於"復傳還"的訓釋，認爲"來復傳"應理解作"往返雙程的傳"，③并獲得學者認同。④這一解釋—將"來"理解爲先程，"復"爲歸程—雖然不盡正確，但已經近似於指出"續食"文書的性質，可惜沒有進一步分析，故未引起學界注意。而青木俊介引用《論語·學而》"信近於義，言可復也"的何晏注"復，猶覆也"，⑤認爲"復"乃覆核之意，"來復傳"是要核對傳文書，在此基礎上主張"續食"文書先於出差者送抵沿途經行之地，待出差者持"傳"到達後，當地乃將之與此前送抵的"續食"文書相核對，吻合後才提供食宿招待。⑥青木俊介的這

---

① "寅"字原未釋，細察圖版，尚殘存"寅"字下半部，徑補。
② 陳偉主編：《里耶秦簡牘校釋（第一卷）》，武漢：武漢大學出版社，2012 年，第 1-7 頁；鄔文玲：《里耶秦簡所見"續食"簡牘及其文書構成》，2014 年；青木俊介：《里耶秦簡の「續食文書」について》，2014 年；余津銘：《里耶秦簡"續食簡"研究》，2018 年。
③ 陳偉主編：《里耶秦簡牘校釋（第一卷）》，第 3 頁。注釋 7 引用《二年律令·津關令》504 號簡"來復傳"，查彭浩、陳偉、工藤元男等主編《二年律令與奏讞書》，注釋轉引了《漢書·終軍傳》的顏師古注，認爲"來復，指往返"（上海古籍出版社，2007 年，第 316 頁）。
④ 鄔文玲：《里耶秦簡所見"續食"簡牘及其文書構成》，2014 年；余津銘：《里耶秦簡"續食簡"研究》，2018 年。
⑤ 程樹德撰：《論語集釋》，北京：中華書局，1990 年，第 49-50 頁。
⑥ [日]青木俊介：《里耶秦簡の「續食文書」について》，2014 年。

一説法包含了兩個關鍵信息，即將"來"理解爲到達，將"復"理解爲覆核檢查。其中對"復"的解釋，先後獲得鷹取祐司、安永知晃的支持。①筆者以爲，這兩個解釋，可能都存在問題。

里耶秦簡雖然出現不少"來復傳"的用例，但語詞單一，無法做出有效判斷，需要拉長時段做出分析。實際上，漢代的傳文書中也出現了"來復傳"及類似的辭例。如下：

1.5、誼②從者居延西道里……☑

誼從者居延利上里公大夫王外人年□□長七尺四寸黑色☐

元康三年九月辛卯朔壬子，佐宣敢言之：□□□長誼逐命張掖、酒泉郡中，與從者西道……☑……以令取傳。謹疎年長物色，謁移肩水金關出，來復傳。敢言之。☑……水金關，如律令/掾延年佐宣　　　73EJT37：28+653+1133A

印曰居延丞印　　　　　　　　　　　73EJT37：28+653+1133B③

1.6、☑七月壬子居延令勝之丞延年移肩水金關出，來復傳入，如律令。73EJT37：1478+406④

1.7、☑遣鳴沙里陵廣地爲家私市張掖酒泉□□□□□□☑□門亭鄣河津金關毋苛止，環復傳，敢言之。

　　☑如律令/掾不害令史應四月甲戌入　　　36.3/A33

1.8、神爵二年十二月壬申朔辛卯，東鄉嗇夫生敢言之：昌樂里韓忠自言以令占田居延，與子女婢溫小男……乘佔用馬四匹，軺車三乘，謁移肩水金關出，入復傳，毋苛留止，如律令。敢言之。　　　73EJT37：871

1.9、初元五年癸酉朔甲午，□□鄉佐□敢告尉史：龐自言爲家私使居延，謹案：毋官獄徵事，當爲傳。謁移函谷關入，來復傳出⑤，過所津關毋苛留。敢告尉史。　　　73EJT24：78

1.10、元鳳五年十一月丙子朔辛卯尉史鳳敢言之：戍邑給敦煌郡羌譯一人，有請詔，今謹遣羌譯板里男子妾南，以縣牛車傳送，續食，謁移過所縣道官，給法

---

① ［日］冨谷至編：《漢簡語彙考證》，"復傳"條（鷹取祐司執筆），2015年，此據張西艷中譯本，上海：中西書局，2018年，第251-254頁；［日］安永知晃：《〈漢簡語彙考證〉訂補（二）》，"武漢大學簡帛研究中心"網，2022年1月29日，http://www.bsm.org.cn/?hanjian/8630.html。
② "誼"字原釋爲"官"，細察圖版，簡牘右側殘缺，殘字還有"言"旁及"宜"之左筆，與第二行"誼"比對，更爲顯豁，故改釋爲"誼"。如此也與文書書式符合，兩行所載都是傳主"誼"的從者。
③ 該簡綴合，參姚磊《〈肩水金關漢簡（肆）〉綴合考釋研究（十二則）》，《出土文獻》第九輯，2016年；部分文字改釋，參姚磊《讀〈肩水金關漢簡〉札記（二十三）》，"武漢大學簡帛研究中心"網，2017年7月11日，http://www.bsm.org.cn/?hanjian/7574.html。
④ 該簡綴合，見姚磊《〈肩水金關漢簡（肆）〉綴合（十四）》，"武漢大學簡帛研究中心"網，2016年3月5日，http://www.bsm.org.cn/?hanjian/6640.html。
⑤ "出"原未釋，據張俊民意見補，參姚磊《肩水金關漢簡釋文合校》，上海：上海古籍出版社，2021年，第291頁。

所當得,【當】舍傳舍。敢言之。　　　　　　ⅤDXT1511⑤：2A

十一月辛卯戎邑丞舍移過所縣道官河津關：往,來復傳,如律令。掾留見守令史建德□□元鳳五年九月丙申過東　　ⅤDXT1511⑤：2B①

先來審視青木俊介將"來"理解爲到達的意見。拋開整體,單獨看每一枚傳文書,則1.5"謁移肩水金關出,來復傳"尚可講得通,意思是到達關口核驗證件。1.10亦可比照1.5處理,也能講得通。但若把"來"理解爲到達,將這一層意思帶入傳文書1.6"移肩水金關出,來復傳入"和1.9"謁移函谷關入,來復傳出",無論怎麼調整斷句,都無法予以妥當解釋。與此相似的還有73EJT10：339+480、73EJT31：148、73EJT37：4+1172等傳文書。

矛盾的關鍵點就在於1.6、1.9兩枚傳文書,"來"與"出""入"并存,如果前者"來復傳入"少了"入",後者"來復傳出"少了"出",則都可以解釋通。那麼,多出來的"出"或"入"表示什麼意思呢?細察傳文書1.8"謁移肩水金關出,入復傳"不難發現端倪,該傳文書"出""入"相對,先"出"後"入",後續的動作"入"無疑表示返程。實際上,該傳"出""入"的表述并不是隨意的,與其和金關的相對方位非常吻合。該傳未言簽發機構,但傳主籍貫"昌樂里"見於氐池縣,②且前往居延,故此極可能是金關之南的氐池縣所簽發。對於氐池來説,過金關北行,自然是"出",故此傳文言"移肩水金關出";返程過關而南自然算"入",故傳文言"入復傳"。將這一層意思帶入1.6、1.9,也可講得通。1.6由居延縣簽發,因爲簡牘出自金關遺址,無疑是要過關南行。對於居延來説,過關往行,則越來越遠,自然算"出";若返程通過金關,則距居延越來越近,可以算"入"。傳文書內容"移肩水金關出,來復傳入",恰與此相符。與之相似的是傳文書1.5,背面署有"居延丞印",且從者爲居延西道里,顯然是居延縣簽發,而傳主出行地是張掖酒泉,在金關之南,故傳文稱"移肩水金關出"。至於傳文書1.9,從傳主"私使居延"且"移函谷關"看,毫無疑問是關東地區的機構簽發。比照傳文書1.8氐池和金關的例子,對於關東而言,通過函谷關到達關中理應叫作"出",返程過關回來應叫作"入",但該傳文書的表述完全相反,實際上這與漢代常見的關中觀念相符,③不足爲怪,且"出""入"相對,先"入"後"出",後續的動作"出"無疑表示返程。

---

① 張俊民：《懸泉漢簡——社會與制度》,蘭州：甘肅文化出版社,2021年,第363頁。
② 560.14/A33、73EJT29：4、73EJD：27等簡均載"氐池昌樂里"。關於氐池所轄里名,可參紀向軍《居延漢簡中的張掖鄉里及人物》,蘭州：甘肅文化出版社,2014年,第80-85頁；黃浩波：《肩水金關漢簡地名簡考(八則)》,《簡帛研究》,2017年秋冬卷。
③ 按照前文推論,過函谷關而西應該算"出",返程過關而東才算"入",但傳文書所言則相反。實際上,漢代將函谷關以西的大片地區稱爲關中,通過函谷關、武關等幾大關口到達關中地區即稱作"入關"。這類記載,見於《史記》《漢書》者極多,俯拾皆是,不贅舉。

分析至此，相信"來"的含義呼之欲出。鑒於"來"在傳文書 1.6 中與返程的"入"連言，作"來復傳入"，在 1.9 中與返程的"出"連言，作"來復傳出"，"來"無疑應該理解作歸程、返程。1.6、1.9 中的"出""入"是對關口而言，"來"則是對簽發機構和傳主而言的。把這一意思與傳文書 1.7 比對，更能體會到其正確性。傳文"環（還）復傳"，①與 1.5、1.6、1.9 的"來復傳"對照，"來"毫無疑問應該理解爲與"環（還）"相近的"歸程"。而且，"環（還）復傳"一語并非僅此孤例，還見於傳文書 73EJT22：137 中。傳文書 1.7 的表述也與其方位相吻合。該傳雖然出自肩水候官遺址，但應該是金關錄副登記後呈報至肩水候官的。傳主籍貫鳴沙里見於居延縣，②且前往張掖酒泉，故極可能是金關之北的居延縣簽發。傳主持傳通關南行，對於居延來說，無疑是"出"。該簡左下"四月甲戌入"的標注似乎與此不符。實際上，這行字與正文隔開，乃通關記錄，爲金關所標注，并非居延縣簽發傳文書的原文。金關位於肩水候官塞的最北端，故過關北行即是"出"，過關而南即算"入"，該傳"四月甲戌入"乃是傳主過關南行的記錄，與前文推論的出入邏輯沒有關係。

實際上傳文書 1.7、73EJT22：137 中的"環（還）復傳"，其變體還見於傳世文獻。《漢書·終軍傳》記載：

初，軍從濟南當詣博士，步入關，關吏予軍繻。軍問："以此何爲？"吏曰："爲復傳還，當以合符。"軍曰："大丈夫西遊，終不復傳還。"③

關吏和終軍均提到"復傳還"，對照而言，衹是"還"的位置有所調整而已。細看班固這段記載，關吏之所以給終軍繻，蘇林解釋稱"舊關出入皆以傳，傳煩，因裂繻頭合以爲符信也"④。換言之，關吏是讓終軍持走半繻，返回時合繻出關。而終軍胸懷遠大，故驕傲地回答"大丈夫西遊，終不復傳還"，意思是既然來到關中，必定要出人頭地飛黃騰達，絕不灰頭土臉出關回老家。如果這個解釋沒錯，"復傳還"一定是指返程。恰與傳文書 1.7、73EJT22：137 中的"環（還）復傳"的解釋相吻合。從這一點來說，顏師古注"復，返也"⑤，與"還"同義重複，無疑是不對的。將這一解釋放入前舉傳文書 1.5、1.6、1.8、1.9 等材料中，也是扞格不入的。故此，里耶秦簡整理者據之認爲"來復傳"指"往返雙

---

① "環"通"還"，見王輝編著《古文字通假字典》，北京：中華書局，2008 年，第 720 頁。
② 如 73EJT9：119、EPT68：110、EPT68：77、EPT50：10、EPT59：1 等簡均載"居延鳴沙里"。關於居延縣所轄里名，可參紀向軍《居延漢簡中的張掖鄉里及人物》，蘭州：甘肅文化出版社，2014 年，第 11-52 頁；黃浩波：《肩水金關漢簡地名簡考（八則）》，《簡帛研究》，2017 年秋冬卷。
③ 《漢書》卷六四《終軍傳》，北京：中華書局，1962 年，第 2819-2820 頁。"爲復傳還，當以合符"，"還"原屬下讀，王先謙引劉奉世意見，認爲當上讀（王先謙《漢書補注》，上海古籍出版社，2008 年，第 4475 頁），可從。
④ 《漢書》卷六四《終軍傳》，第 2820 頁。
⑤ 《漢書》卷六四《終軍傳》，第 2820 頁。

程的傳"的觀點，也是不能成立的。

回頭再看傳文書 1.10。該傳乃天水郡戎邑道輸送羌人翻譯到敦煌郡，由戎邑丞簽發，告訴沿途機構"往，來復傳"，意思也是交待返程的待遇。從簡背標注"過東"——經過懸泉置向東出發——看來，因戎邑道在懸泉置之東，無疑是返程了。當然，通行日期"元鳳五年九月丙申"在簽發日期"元鳳五年十一月辛卯"，不符常理，當有一誤，可惜圖版尚未公布。

如果上述推論不誤，則"來復傳"之"來"不能理解爲到達或先程，"復"也不能理解爲返回，而應該將"來"理解爲返程。那麽，在此還需考慮另一種可能：即在將"來"理解爲歸程的基礎上，"復"是否可以視爲覆核呢？實際上，鷹取祐司通過對西北漢簡的常見詞"往來"的考察，也認爲"來"即歸程，[1]但與此同時引用馬圈灣漢簡的材料支援青木俊介對"復"的解釋（詳下）。鷹取祐司這一對"來復傳"的理解，已經脫離了里耶秦簡的語境，與青木俊介對"續食"文書性質的判斷相左。不過，單就對秦漢傳文書中"來復傳"一語的理解而言，這一看法還是值得檢驗的。

按照鷹取祐司的意見，"來復傳"即指返程時覆核傳文書，試把這一層意思放入上舉材料的語境。若抛開整體，單獨看每一枚傳文書，則 1.5、1.8、1.10 都需要調整斷句才能講得通。即 1.5 調整爲"謁移肩水金關，出來復傳"，1.8 調整爲"謁移肩水金關，出入復傳"，1.10 調整爲"往來復傳"，在此基礎上可將"復"理解爲審核，意爲往返雙程都審核傳信。如果不加調整的話，則以 1.5 爲例，"謁移肩水金關出，來復傳"將會理解爲返程審核傳文書。而這一要求是没有道理的，若需要審核證件，也是往返都審核，不可能單單要求返程審核證件。但是，即使允許隨意調整斷句，1.6"移肩水金關出，來復傳入"和 1.9"謁移函谷關入，來復傳出"，將"復"視作"覆"，無論如何是讀不通的。放在里耶秦簡"續食"文書裏，也無法講得通，因爲不可能單單要求返程才核查證件。

時代早於西北漢簡的《二年律令·津關令》其中有一條法律規定，也顯"復"不能理解作覆核。如下：

1.11，□：相國上中大夫書，請中大夫、謁者、郎中、執盾、執戟家在關外者，得私買馬關中。有縣官致上中大夫、郎中，中大夫、郎中爲書告津關，來復傳（504），津關謹閱出入。馬當復入不入，以令論。·相國、御史以聞，·制曰可（505）

若兩簡連綴無誤，則"來復傳"與"津關謹閱出入"相接。將"復"理解爲

---

[1] [日]鷹取祐司：《肩水金關遺址出土の通行證》，載作者主編《古代中世東アジアの關所と交通制度》，京都：汲古書院，2017 年，第 214-216 頁。鷹取祐司對"來"的認識，是通過對西北簡"往來"一詞的考察得出的，并未貫通考察秦漢簡牘中的"來復傳"用例，對"來"含義的論證不够充分，而且這一理解受到安永知晃的質疑（《〈漢簡語彙考證〉訂補（二）》，注釋3），故本文前面做了詳細考辯。

"覆核"，即與"謹閱出入"同義重複，故此不能成立。

值得一提的是，鷹取祐司引用敦煌馬圈灣遺址出土的一枚傳文書殘簡，作爲支持青木俊介觀點的依據，需要加以辨析。如下：

1.12、便宜，書到内人<入>，來復傳出，如律令。　　209/79DMT5：170

該簡左半殘缺，"復"字僅存右半，▨，早期的整理本釋爲"校"，①恰與將"復"理解爲"覆"的主張相吻合，故鷹取祐司支持青木俊介的看法。②實際上，馬圈灣漢簡的再整理本已將該字改釋爲"復"，③但鷹取祐司對比字形後認爲改釋不當。④放大圖版，仔細觀察字形，右下部分▨，并非"又"形，起筆不是完整的一橫，其上疊加了一橫，應是一道拐筆，與武威醫簡▨（簡48）、▨（簡60）和東牌樓東漢簡▨（簡51B）、▨（簡55B）等"復"字筆順相同，祇不過拐筆寫得沒有那麼分開而已，故改釋爲"復"應無問題，⑤且獲得學者支持。⑥因此，鷹取祐司基於簡牘文字誤釋而做出的解釋，也是不能成立的。

總之，青木俊介、鷹取祐司對"來復傳"的理解，道理上講不通，辭例上出現强有力的反證，是不能成立的。之所以得出不一樣的認識，與兩者僅僅孤立考察"復傳"有很大關係。

細察前舉材料，無論是"來復傳出/入"，還是"環（還）復傳出/入"，綜合看來，"來"祇能理解成歸程，"傳"當指傳文書，"復"則是最常見的"再次""又"等表示重復的意思。"復傳"表示再次使用傳文書，祇不過承前省略了動詞"用""使用"而已。

實際上，"復"作爲内涵豐富的連接詞，承前省略的現象并不罕見。譬如《論語·雍也》記載"季氏使閔子騫爲費宰。閔子騫曰：'善爲我辭焉！如有復我者，則吾必在汶上矣'"，關於"復我"，孔安國注"重來召我"，朱熹同此。⑦這一解釋也是吻合文意的，"復我"承前省略了"招徠""召見"的動詞。《論語·述而》孔子曰"舉一隅不以三隅反，則不復也"，關於"不復"，鄭玄注"不復重教之"，朱熹注"復，再告也"，⑧可見"不復"承前省略了"教導"。又，《大

---

① 甘肅省文物考古研究所編：《敦煌漢簡》，北京：中華書局，1991年，第227頁；吴礽驤、李永良、馬建華釋校：《敦煌漢簡釋文》，蘭州：甘肅人民出版社，1991年，第19頁。
② [日]鷹取祐司：《肩水金關遺址出土の通行證》，載作者主編《古代中世東アジアの關所と交通制度》，京都：汲古書院，2017年，第216-217頁。
③ 張德芳：《馬圈灣漢簡集釋》，蘭州：甘肅文化出版社，2013年，第213、427頁。
④ 鷹取祐司引用陸錫興編著《漢代簡牘草字編》（上海書畫出版社，1989年）所列的"復"（第33頁）、"校"（第112頁）字頭，比對1.12殘字，認爲當是"校"。參氏著《肩水金關遺址出土の通行證》，載作者主編《古代中世東アジアの關所と交通制度》，第293頁注釋33。
⑤ "復"字的釋讀，得到了楊小亮、李洪財的指教，謹此致謝！
⑥ 白軍鵬：《敦煌漢簡校釋》，上海：上海古籍出版社，2018年，第207頁。
⑦ 程樹德撰：《論語集釋》，第380-382頁。
⑧ 程樹德撰：《論語集釋》，第448-449頁。

戴禮記》記載"問必以其序，問而不決，承閒觀色而復之"，關於"復之"，王聘珍、孔廣森、阮元都認爲是"再問"之意，[①]可見承前省略了"問"。又如《趙國策·趙策一》記載"今事有可急者，秦之欲伐韓、梁……今攻楚，休而之，已五年矣"，鮑彪注"復之"爲"復攻"，也是承前省略動詞。又，《左傳》昭公十六年，韓宣子向鄭子産求取玉環被拒後，宣子從商人處購得，并告訴子産"日起（宣子）請夫環，執政（子産）弗義，弗敢復也"，杜預注"復"爲"重求也"，[②]可見也是承前省略了動詞"求取"。

從上舉諸例不難發現，"復"在古代漢語中使用非常靈活，經常承前省略很多動詞，不注意辨析則極易忽略這一點。反觀"來復傳"，從簽發機構的角度出發，傳信面對傳主先程所過的各個地方，簽發機構有必要在傳文裏交代諸如食宿通行等各項事宜，而在説明返程也使用該傳時，自然可以省略"用"或"使用"等動詞，直接以"來復傳"代替。這一解釋，放到前舉 1.1～1.12 任何一條材料裏，都能説得通。

下述幾枚簡牘，亦可作爲證據：

1.13、觻得成漢里薛侍親[③]年卅四，年七月中與同縣男子趙廣同傳，今廣以八月中持傳出入……欲復故傳前入　　　　　73EJT8：106A

1.14、少倩晨夜姚<逃>去復傳致出關，書到頃<願>令史有田襃字少倩欲☐
50.31/A32

1.15、其五人新傳出
一人復故傳出
神爵四年七月丙寅凡吏民十一人四人新傳入　　　　　73EJT37：910

1.16、☐☐親軺車一乘用馬二匹以十二月壬申復傳☐　73EJT5：79

四枚簡牘皆出自金關遺址。簡 1.13 下端墨迹殘泐，據簡文，薛侍親與趙廣使用同一枚傳信出行，趙廣曾在八月份持傳出入，這次薛侍親或趙廣"欲復故傳前入"。細忖文意，"欲復故傳前入"是傳主提出的請求，理解爲"打算再次使用故傳出入"最爲貼近情理，祇是"復故傳"省略了"用"而已。簡 1.14 左半殘缺，文意前後不接，據上端"少倩晨夜姚<逃>去，復傳致出關"，應該是使用舊通關證件出關之意。簡 1.15 左半殘缺，據書式，當爲肩水金關神爵四年（前58）七月四日（丙寅）吏民通關彙總記録。上欄記時間與通關吏民總數，下欄記録明細，惜僅存三行共十人，當缺損一行。根據文意，"五人新傳出""四人新傳入"，無疑是五人使用新傳北出、四人使用新傳南入。若此不誤，"一人復故傳出"，

---

① 方向東：《大戴禮記彙校集結》卷四《曾子立事》，北京：中華書局，2008年，第419-420頁。
② 李夢生整理：《春秋左傳集解》，南京：鳳凰出版社，2010年，第683-684頁。
③ "侍親"二字，原未釋，沈思聰釋出，參姚磊《肩水金關漢簡釋文合校》，北京：中國社會科學出版社，2021年，第97頁。

也祇能理解爲一人使用故傳北出，也是有所省略。簡 1.16 上端下端均殘缺，據殘存簡文，當爲通關名籍，"以十二月壬申復傳"之後所缺部分當爲出入記錄，"復傳"應該也是"復用傳"之省稱。尤其是後兩枚簡，更證明"復"讀作"覆"之不可行。作爲管理人口流動的關卡，核對通關證件乃其第一任務，不需要也無必要在通關名籍上注明哪些傳文書經過了審核。畢竟標明"復傳"者祇是極少數，一旦將之理解爲覆核傳文書，那麼絕大多數未標明"復傳"者就祇能視爲未履行核對傳文書的職責，也就等於是失職了，而這是難以想象的。

　　傳信，究其實質，是一種官方文書，由官方機構簽發，面向的對像是行政網絡裏的另一個/些官方機構，因此勢必要符合基本的文書通例。進一步説，簽發機構在已經詳細説明先程的待遇之後，對返程的説明不需要再重復一遍，代以簡略的"來復傳"，"接收"該傳文書的機構也能明白其内容。從這個角度看，"復傳"一詞，從秦至漢沿用既久，可能已經高度程式化，成爲時人都能明白的縮略語，①所以省略動詞"用"也不至於產生理解上的障礙。

　　綜上，里耶秦簡"續食"文書所見的"來復傳"，"來"表示返程，不能理解成到達或先程，"復"不能理解爲審核或歸程，"復傳"表示再次使用傳文書。如果這一推測不誤，則青木俊介基於將"來復傳"理解成到達時核驗另外的文書（傳），進而主張里耶秦簡 1.1~1.4 等八枚文書屬於事前通知性質的"續食"文書的觀點，無疑是不能成立的。1.1~1.4 等所謂"續食"文書，按照文書本身的叫法，其實就是傳。按照公私的分别，則屬於公傳。當然，公傳、私傳，究其本質都是官府簽發的出行憑證，祇是享受待遇不同，而"來復傳"是説明傳的有效期，兩者并不矛盾，故前文論證未做刻意區分。

二、"續食"在漢代傳文書中的使用

　　青木俊介等之所以未能正確認識"續食"文書的性質，筆者猜想，除對"來復傳"的理解有所不同外，可能還覺得"續食"一詞的使用跟漢代公傳相比略顯突兀。

　　不可否認，漢代公傳文書關於食宿待遇的説明，通常都是"當舍傳舍"，出現"續食"字眼的確實不多，但也并非沒有。除了前舉 1.10 天水郡戎邑道簽發的公傳外，下枚公傳也有相同詞例：

2.1、建平二年三月丁亥朔甲辰，戊校左曲候永移過所：遣□陵亭長……縣次

---

① 就好像"過所"一詞，早期祇是傳文書的一個常見表述，通常搭配在"移過所縣道津關"一語裏，後期逐漸取代傳文書，成爲通關證件的正式名稱。可參李銀良《漢代通關憑證——"傳"與"過所"關係考辨》，《殷都學刊》，2015 年第 1 期。

續食，給□□□□，如律令。Ⅱ0113③：34①

该枚公傳包含"縣次續食"用語，"給"後缺釋四字當是"法所當得"。文書開頭所署時間"建平二年三月丁亥朔甲辰"，年月日俱全，故可排除該文書缺損前半段的可能性，當是直接簽發。從"遣□陵亭長"看，也是官員公差出行。從這兩例看來，"續食"一詞在漢代公傳中也有使用，祇不過極少而已。

實際上，睡虎地秦簡《屬邦律》載"道官相輸隸臣妾、收人，必署其已稟年日月，受衣未受，有妻毋（無）有。受者以律續食衣之。"②這是秦統一前關於官府輸送隸臣妾和收人的衣食規定，"續食衣"連言，包含飲食和衣服。張家山漢簡《二年律令》載："丞相、御史及諸二千石官使人，若遣吏、新爲官及屬尉、佐以上徵若遷徙者，及軍吏、縣道有尤急言變事，皆得爲傳食。……縣各署食盡日，前縣以誰（推）續食。"③這是漢初關於官員公差的傳食待遇規定，要求"縣各署食盡日，前縣以誰（推）續食"，就是路過縣道依次提供飲食的意思。傳世文獻也有類似用例，如《漢書·武帝紀》記載，元光五年（前130）武帝下詔求賢，"徵吏民有明當時之務、習先聖之術者，縣次續食，令與計偕"④。綜合這幾則材料，"續食"就是官員或與官府有關的人員（如刑徒）在出差或傳送之際享受飲食，實際上也就是公傳。

從上舉材料可以看出，秦及漢初，公傳應該還都有關於"續食"的說明，可能隨着傳信作爲一種專用證件的象徵意義逐漸突顯，其實質內容及用語反而不太重要了，故而大幅縮減，僅剩"當舍傳舍，從者如律令"。這一象徵意義大於實質意義的縮略語，儘管没有提及飲食，但毫無疑問相關待遇是有的。

當然，"續食"一詞也還存在於傳文書中，祇是這類傳文書不是標準的公傳而已。先來看下簡：

2.2、河平四年二月甲申朔丙午，倉嗇夫望敢言之：故魏郡原城陽宜里王禁自言：二年戍屬居延，犯法論，會正月甲子赦令，免爲庶人，今願歸故縣。謹案，律曰：徒事已毋糧，謹故官爲封偃檢，縣次續食，給法所當得。謁移過所津關，毋苛留止。原城收事。敢言之。

二月丙午，居【延】令博移過所，如律令／掾宣嗇夫望佐忠　73EJT3：55

該簡傳主王禁因犯法論爲刑徒，逢赦令免歸故縣，由居延倉嗇夫上報，居延縣令批準簽發。簡文引了一條律文"徒事已毋糧，謹故官爲封偃檢，縣次續食，

---

① 該簡原載於胡平生、張德芳《懸泉漢簡釋粹》，上海：上海古籍出版社，2001年，第129頁。張俊民校補了釋文，2007年1月31日刊發在山東大學主辦的簡帛研究網站上，惜網絡鏈接已失效，本文轉引自侯旭東《西北漢簡所見"傳信"與"傳"》，《文史》，2008年第3輯。
② 可參陳偉主編：《秦簡牘合集（壹）》，武漢：武漢大學出版社，2014年，簡號201。
③ 可參彭浩、陳偉、工藤元男等主編：《二年律令與奏讞書》上海：上海古籍出版社，2010年，簡號232-237。
④《漢書》卷六《武帝紀》，第164頁。

給法所當得"，顯示漢代規定刑徒期滿從服役地回家，沿途各地要按照規定提供飲食。律文提到的偃檢，還見於下枚傳文書中：

2.3、河平四年七月辛亥朔庚午，西鄉有秩嗇夫誼守斗食佐輔敢言之：中安男子楊譚自言，欲取偃檢，與家屬俱客田居延界中。謹案譚等年如牒書，皆非亡人命者，當得取偃檢，父老孫都證。謁移居延，如律令，敢言之。七月癸酉長安令右丞萬移居延，如律令　　　　/掾殷令史賞　　　　73EJT37：527

從用語、程式看，乃標準的私傳。傳主與家屬客田居延，因此申請"偃檢"。值得注意的是前引傳文書1.8，也是因"占田居延"才申請通行證，鄉嗇夫的表述就是"來復傳"。綜合2.3、2.2及傳文書1.8，前兩者"偃檢"無疑是指傳信。①

下述幾枚傳文書，也都包含"續食"用語：

2.4、永光四年六月己酉朔癸丑，倉嗇夫勃敢言之：徒故潁川郡陽翟宜昌里陳犬，永光三年十二月中坐傷人，論鬼薪（薪），會二月乙丑赦令，免罪，復作，以詔書贖免為庶人，歸故縣，謁移過所河津關，毋苛留止，縣次贖（續）食。73EJT37：526

2.5、城旦五百人□施刑詣居延……施刑□□淮陽郡城父幸里□□□日前，謁移過所縣邑侯國津關，續食，給法所當得，毋留，如律令，敢言之□□　73EJT30：16

2.6、☑計到三年四月己酉以請詔施刑□☑

☑關，以縣次續食，給法②所當得☑　　　　73EJT5：31

傳文書2.4也是刑徒遇赦免歸，同樣包含"縣次贖（續）食"的請求。2.5、2.6簡牘殘損，均含"續食，給法所當得"的表述，從簡文看也都與刑徒有關。這三枚漢代傳文書，都包含了"續食"字樣。

按照學界通常做法，2.2、2.4、2.5、2.6四枚傳文書，因享受"續食"這一公家招待，當為公傳，但簽批之語"移過所津關，毋苛留"卻是私傳的標準用語，因此不好太區分公傳或私傳。但如果從前引睡虎地秦簡《屬邦律》來看，這些刑徒無疑都與官府有關，故歸家途中享受公家食宿，因此某種意義上也可看作公傳。若此不誤，則漢代公傳的"續食"用例也不可謂罕見。

仔細審視文獻語境和用例，"續食"就是連續提供飲食的意思，并無特殊深意。實際上，里耶秦簡也見包含"續食"字眼的其他文書。如下：

---

① 此前有學者認為偃檢與傳屬於不同事物（肖從禮：《西北漢簡所見"偃檢"蠡測》，張德芳主編：《甘肅省第二屆簡牘學國際學術研討會論文集》，上海：上海古籍出版社，2012年，第291頁），應是不對的。傳稱為"偃檢"，應是就其形制而言。

② "給法"兩字，原釋為"驗決"，據圖版，徑改。

098

2.7、廿六年十一月甲申朔戊子，鄢將奔命尉沮敢告貳春鄉主：移計二牒，署公叚（假）於牒。食皆盡戊子，可受癉續食。病有瘳，遣從□。敢告主／十一月己丑，貳春鄉後敢言之：寫上，謁令倉以從吏（事）。敢言之／尚手　9-1114
十一月壬辰遷陵守丞成告倉以律令從吏（事）／丞手
即走筭行　　　　　　　　　9-1114 背

從簡文"食皆盡戊子，可受癉續食"看，似乎屬於"續食"文書，也就是傳文書。不過"移計二牒，署公叚（假）於牒""病有瘳，遣從□"又顯示，肯定還涉及其他事務，但又未交待清楚。很可能該簡與其他簡連綴成册，前面還有記載相關內容的簡牘，故内容單獨看起來無頭無尾，讓人不得其解。至於簡文開頭年月日完備的方式，很可能像里耶秦簡 9-1～9-12 等簡一樣，因爲相關事務跨年，故後面行文開頭記錄年份。若此不誤，該文書祇是在交待諸項事情時，連帶提及"續食"安排，并非"續食"文書。因此之故，更可見"續食"一語并無特殊含義，也不是某類特殊文書的專稱。

綜合前舉 2.1、2.2、2.4～2.7 等簡可知，"續食"本身一直都有明確的含義，就是提供飲食，指代非常具體，故漢代公傳發展出包含飲食住宿等待遇的"當舍傳舍"這一高度概括的象徵語之後，"續食"一詞即遭淘汰。換言之，"續食"與"當舍傳舍"兩者不會同時出現在傳文中。這也是漢代公傳少見"續食"的主要原因，但絕不能因此而認爲前期那些含有該詞的文書是某種有别於傳信的特殊文書。

綜上，前舉里耶秦簡 1.1～1.4 等文書包含的"續食"一詞見於秦漢相關律令、秦代普通文書和漢代傳文書中，没有特殊含義，并非僅見於某類特殊文書。從這一點來說，青木俊介認爲前舉傳信 2.2 是與里耶秦簡 1.1～1.4 等文書相似的屬於事前通知性質的漢代"續食"文書，[1]這一看法既没有正確認識到里耶秦簡"續食"文書的性質，又對漢代傳信的用語和特點没有全面的把握。

三、餘　論

里耶秦簡 1.1～1.4 等"續食"文書，簡文包含的"來復傳"是返程再次使用該傳的意思，這一用語已經表明這些文書就是秦代傳信。"續食"一詞，也少量出現於漢代公傳中，并不能作爲里耶秦簡"續食"文書構成一種特殊文書的理由。進一步而言，青木俊介關於"續食"文書屬於與傳信不同的事前通知文書的說法，也是不能成立的。實際上，公務人員出差何其頻繁，若每地都要事前通知，

---

[1] 青木俊介認爲隨着時代的變化，"續食"文書與傳信漸漸一體化，漢簡中遂不見事前通知性質的"續食"文書，而傳文書 2.2 是不可多得的漢代"續食"文書（《里耶秦簡の「続食文書」について》，第 30-32 頁）。

將憑空增添很大的行政負擔。更何況，公差出行恐怕也會遇到臨時的調整，若都要事前通知，一是預料不到，二是束縛了手腳，從哪一點説都不太合理。

前舉里耶秦簡 1.1～1.4 等傳文書，從事務性質和出差者的身份看來，無疑屬於公傳。那麽秦代公傳與漢代公傳有何不同呢？①鑒於秦代公傳目前僅見前舉八枚，樣本太少，本文在此嘗試做一探討，也不敢太過自信。

最引人注目的無疑是用語上的變化。秦代常用的"來復傳""縣次續食"等文書用語至漢代出現較少，轉而代以"當舍傳舍""從者如律令"等。秦代公傳"田能自食""當騰騰"和對"食盡"日期的説明等，也不見於漢代。

程式上，秦漢公傳也有所不同。以前舉簡 1.1 爲例，二世元年（前 209）7 月 8 日（丁未）零陽縣倉嗇夫提出申請，7 月 9 日（戊申）零陽縣丞簽發，7 月 24 日（癸亥）早晨士伍臂帶到遷陵縣廷，當天縣丞給倉下達指示。其中最特別的，是由零陽縣倉嗇夫而非出差人獄佐辨、平和士吏賀申請公傳，在漢代則往往由中央或郡縣等機構直接簽發，不見申請之語。②當然，前舉 2.2、2.4 兩枚漢代公傳也是由倉向縣廷申請，但這兩例的出行者是刑徒，而秦代八枚公傳可考的出行者都包含官吏。這一不同，很可能與倉官在秦漢時代的地位變化有關。據研究，倉、庫等管理具體事務的實官，在秦代尚與縣廷令史對接開展工作，但因爲令史接近縣令長，故逐漸由縣廷内部走向前臺，侵蝕剥奪了倉、庫等實官的職權，致使後者退居二綫。③若這個説法不錯，則前舉 1.1 由倉向縣廷申請，是因爲秦代的倉平時就主管官員的廩食供應，故而在其外出時，也要予以考慮安排。簡 1.1 遷陵縣收到公傳後直接給倉下達接待命令，應該也是出於相同的原因。到了西漢中後期，因倉已退居二綫，故官員平日廩食雖然可能還由倉負責轉運存儲，但廩食的發放等工作已不歸倉來管，官員公差出行之際，更不由倉發起申請。不過，漢代刑徒還歸倉管理，故其歸家途中的飲食也由倉負責安排。這也是前舉 2.2、2.4 兩枚漢代刑徒公傳由倉向縣廷申請的原因。

除此之外，還有一點值得注意，即前舉簡 1.1 顯示，零陽獄佐和士吏沿零陽—充—酉陽—遷陵路綫出發，④其傳文書 15 天後送抵遷陵縣廷，後者再向遷陵倉下

---

① 漢代公傳出土頗多，爲節省篇幅，本節不再一一舉例説明，相關特點和歸納可參侯旭東《西北漢簡所見"傳信"與"傳"》，鷹取祐司《肩水金關遺址出土的通行證》（載作者主編《古代中世東アジアの関所と交通制度》，第 197-208 頁）、郭偉濤《漢代的傳與肩水金關》（2018 年春夏卷）。
② 當然，金關簡傳文書 73EJT9：104、73EJT37：519 分别由守令史、尉史向縣廷申請。不過兩枚傳信，雖然都是官員公務外出，但簽發之語却是類似於私傳的"移過縣道，毋苛留"等。不清楚這兩枚傳信何以如此，但佔比極小。詳見拙文《漢代的傳與肩水金關》。
③〔日〕仲山茂：《漢代の掾史》，《史林》第 81 卷第 4 號，1998 年，第 513-546 頁；〔日〕土口史記：《秦代的令史與曹》，原刊《東方學報》第 90 卷，2015 年，此據石洋中譯本，載《中國中古史研究》第六卷，2018 年，第 30-32 頁。
④ 臨沅—零陽—充—酉陽—遷陵，道一交通路綫的復原，可參晏昌貴《里耶秦簡牘所見郡縣名録》（《歷史地理》第三十輯，2014 年，第 145-146 頁）、楊智宇《里耶秦簡牘所見洞庭郡交通路綫相關問題補正》（《簡帛研究》2019 年秋冬卷，第 147-150 頁）。

達接待的指令。細思之，難道出差人必須在倉接到縣廷命令之後才能得到食宿招待嗎？遷陵的傳舍，[①]又在其中起到什麽作用？進一步説，前舉八枚秦代傳信，尤其是簡 1.1 背面的説明"遷陵食辨、平，盡己巳旦□□□□遷陵"，是哪個機構所作，流轉程式是怎樣的？目前均無法妥善解决。值得期待的是，漢代懸泉置——類似於傳舍——也出土了大量公傳，待兩批材料全部公布後，或許能解决上述疑惑，并全面比較秦漢傳信的异同。

---

① 里耶秦簡包含不少傳舍封檢，即下端削尖、上署"傳"的簡牘，如 8-54、8-365、8-958、8-1038、8-1649、9-278、9-393、9-837、9-983、9-1629、9-1655、9-2069、9-2241、9-2482、9-3318 等。還有"傳舍沅陵獄史治所"封檢（8-940、8-1058、8-2039），大概表示沅陵獄史在遷陵傳舍的駐地。比照漢代遺址出土封檢的情况，里耶秦簡既然包含不少傳舍和倉的封檢，就説明其中部分簡牘屬於遷陵傳舍和倉之遺留（可參拙著《肩水金關漢簡研究》附録《籾山明、佐藤信編〈文獻と遺物の境界〉（第一、二册）評介》，上海古籍出版社，2019 年，第 230-232 頁）。當然，里耶秦簡中也有貳春鄉、啓陵鄉的封檢，但二者治所毫無疑問不在遷陵。針對這一現象，陶安提出可能是簡牘刮削、折斷等二次利用造成的（《談談里耶秦簡所見文書簡牘的再利用情况》，載張忠煒主編《里耶秦簡研究論文選集》，上海：中西書局，2021 年，第 154-159 頁），這一説法值得重視。

説 "肥突突"

張生漢[①]

【摘要】水泉子本《蒼頡篇》C018簡 "[廚]宰犓豢肥突突" 之 "突突"，當爲 "腯腯" 之假借。《説文·肉部》："牛羊曰肥，豕曰腯。" 秦漢文獻中 "肥腯""腯肥" 常見連用。《方言》十二 "臧，腯也。" 郭璞注："腯腯，肥充也。音豚，亦突。""肥腯腯/突突" 這一漢代產生的俗語詞，至今仍活躍在南北各地的方言口語中，具有強大的生命力，其字還寫作 "肥凸凸""肥坨坨""肥篤篤""肥都都""肥奪奪""肥敦敦""肥頓頓""肥褪褪""肥盾盾""肥揹揹" 等。七言本《蒼頡篇》每句後的三字語，絕大多數采自漢代的口語詞，它除能幫助學童更好地理解、記誦前四字的内容外，還是研究漢語詞彙史的真實可靠的材料，具有很高的語料價值。

【關鍵詞】蒼頡篇；肥突突；肥腯腯；假借；俗語詞

水泉子《蒼頡篇》出土以來，以其獨特的七言句形式受到學界的廣泛關注。七言句中後三字語的功用及其語言特點，也是討論的熱點之一。這裏，筆者擬就 "肥突突" 一詞的含義及其本字，提出一點不成熟的看法，以就教於大家。

一、"肥突突" 即 "肥腯腯"

水泉子《蒼頡篇》C018簡 "[廚]宰犓豢肥突突" 句，張存良釋 "肥突突" 曰："突突，擬形詞，長得快曰突突，長勢好亦曰突突。胖乎乎、胖嘟嘟，與肥突突均一聲之轉。"[②] 筆者以爲 "肥突突" 之 "突" 乃 "腯" 之同音借字。《説文·肉部》："牛羊曰肥。豕曰腯。從肉，盾聲。"[③]《左傳》桓公六年："公曰：'吾牲牷肥腯，粢盛豐備，何則不信？'" 杜預注："牲，牛羊豕也；牷，純色完

[①] 張生漢：河南大學語言科學與語言規劃研究所，漢語史研究。
[②] 張存良：《水泉子漢簡〈蒼頡篇〉整理與研究》，蘭州大學博士論文，2015年，第121頁。
[③] 按，本文中大量引用了傳世文獻如《詩經》《左傳》《禮記》《周禮》等屬十三經注疏類典籍,《墨子》《莊子》等屬於諸子類典籍,《經典釋文》《方言》《說文解字》《集韻》等屬於傳統文字音韻訓釋類典籍,本文所引經典版本。不俱出注。其餘可見於《漢語大詞典》之類工具書中的引證亦不一一出注。

全也；腯，亦肥也。"陸德明《釋文》："腯，徒忽反。"孔穎達疏："《曲禮》曰'豚曰腯肥'，肥腯共文，知腯亦肥也。重言肥腯者，古人自有復語耳。""肥腯""腯肥"同義連文，即所謂古人的復語。漢及漢以前文獻中"肥腯""腯肥"常見，例如《墨子·尚同》："其事鬼神也，酒醴粢盛不敢不蠲潔，犧牲不敢不腯肥。"《禮記·曲禮》："凡祭宗廟之禮，牛曰一元大武，豕曰剛鬣，豚曰腯肥。"鄭玄注："豚（原作腯，據段玉裁"腯"注改）亦肥也，《春秋傳》作腯。腯，充貌也。"漢焦延壽《焦氏易林·井·明夷》："藏戟之室，封豕受福。充澤肥腯，子孫蕃息。"漢蔡邕《獨斷》卷上："凡祭宗廟禮牲之別名，豕曰肥腯。""腯""突"古音同，都屬於物部、定母。"突"表示牲畜肥充，是假借用法，其本字當作"腯"。《集韻·没韻》他骨切："腯䐜，或從突。"䐜，大概就是在借音字"突"旁添加"肉（月）"而成的俗體"腯"字。字又作"豚"，《集韻·没韻》陁没切："腯，肥也。或作豚。"許慎說"牛羊曰肥，豕曰腯"，本指豕肥碩，引而伸之，凡牲皆可言"腯"、也可說"肥"，還可以說"肥腯"，《詩經·周頌·我將》鄭玄箋云"我奉養我享祭之羊牛，皆充盛肥腯"、《左傳》桓公六年"肥腯"條，孔穎達疏云"《禮記》豚亦稱肥，非獨牛、羊也"，皆其証。再進一步，禽獸包括魚蝦之類凡腴肥都可用"腯"來狀寫。漢焦延壽《焦氏易林·漸·比》："文山鴻豹，肥腯多脂。王孫獲願，載福巍巍。"《文選·左太沖〈吳都賦〉》："露往霜來，日月其除；草木節解，鳥獸腯膚。"呂延濟注："言秋往冬來，日月將去；草木凋落而鳥獸膚體皆肥腯也。"宋王禹偁《江豚歌》："吞啗魚蝦頗肥腯，肉腥骨硬難登俎。""鴻豹"爲鴇的別稱，屬於禽類，魚蝦屬水族類，都可以用"腯"來形容。唐以後，"肥腯""腯肥"還有用以形容人豐偉壯碩的。例如唐佚名《太上大道玉清經·法印品第二十》："諸學道之子得道力者，凡夫不知，但觀其形，雖不肥腯，色正力強，身體輕妙，皮容潤澤。"宋黃庭堅《非熊墓銘》："兒時黔黑腯肥，甚可念。"除了"肥腯"外，還有"膃腯""腯偉"等詞，唐張鷟《遊仙窟》："十娘引手向前，眼子盱瞜，手子膃腯。"宋莊季裕《雞肋編》卷中："宋煇，字元實，春明坊宣獻公之族子也。腯偉而黑色，無他才能。""膃腯"是豐腴的意思，"腯偉"是魁梧壯碩的意思。這樣的用例雖然不算很多，但是它體現了"腯"的意義逐漸發生了變化，其適用範圍也隨之不斷擴大延展。"腯"重言之曰"腯腯"。漢揚雄《方言》十二："䐤，腯也。"郭璞注："腯腯，肥充也。音豚，亦突。""音豚，亦突"王引之改作"亦作豚，音突"。[1]與"肥"結合構成"肥腯腯"，比單獨說"肥""腯"或雙音節的"肥腯""腯肥"更富表現力，更能凸顯牲物的肥碩充盈。《說文·牛部》："犓，以芻莖養牛也。從牛芻，芻亦聲。《春秋國語》曰：'犓豢幾何？'"《豕部》："豢，以穀

---

[1] 參見〔清〕王引之《經義述聞》卷十四"腯肥"條，南京：江蘇古籍出版社，2017年，第782-783頁。

圈養豕也。"這是動詞。用作名詞，常指蓄養的牛羊豕等牲畜，《國語·楚語》"犧（芻）豢幾何"之"犧豢"即指牲類。東漢張衡《七辨》："於是乃有芻豢腯牲，麋麛豹胎，飛鳬棲鷩。"①"芻豢"與"腯牲"義相當。"[廚]宰犧豢肥突突"之"肥突突"，用以狀寫犧豢的肥腯充盛，可見"肥突突"即"肥腯腯"，"突"爲"腯"之假借。説"胖嘟嘟"與"肥突突"爲一聲之轉，是對的；但"胖乎乎"與"肥突突"語音上没有對應關係，説不上"一聲之轉"；説"長得快曰突突，長勢好亦曰突突"②長得快、長勢好，還是與"肥突突"意思遠了些，問題在於没有弄清楚"突突"的本字爲"腯腯"，固而未能點中要害，落實在形容牲體的肥碩上。

由七言本《蒼頡篇》"[廚]宰犧豢肥突突"可以推知，"肥腯腯"這個詞語，至遲在漢代就有了。不過文獻中很少見到用例，這大概與它是個俗語詞有關。現在能搜檢到的較早的一例出現在宋吴聿《觀林詩話》中："比雨過，庵前後竹萌戢戢，取以充庖，頗覺有味。因誦東坡'我與何曾同一飽，不知何苦食雞豚'之語。時敏聞同粲，亦云：'白湯澆飯肥腯腯，吃肉一把骨。'相與大笑，噴飯滿案。"③白湯，就是白開水。"白湯澆飯"極言其寡淡無油水，又以"肥腯腯"（意思是肥膩）狀之，乃詼諧戲謔之語，這纔引起衆人"噴飯滿案"。此例説明"肥腯腯"在宋代口語裏仍在使用，其意義有了進一步引申，表示肥膩油澤的意思。

二、"肥突突/腯腯"是個具有强大生命力的俗語詞

俗語"肥突突/腯腯"具有强大的生命力，至現代仍然活躍在南北各地人們的口語中。例如：

民國十五年（1926）鉛印本《南川縣重修縣志·土語》："肥曰肥腯腯。腯音突，土音轉若都。"④（西南官話）

民國二十三年（1934）鉛印本《安徽通志·方言考稿》："肥腯腯，王氏通俗文曰：'俗狀肥曰肥腯腯。'"⑤（江淮官話）

李鼎超《隴右方言·釋器》："俗謂肥肉曰肥腯腯。"⑥（蘭銀官話）

現代除了廣大的官話區域，中部的贛語、湘語，南部的閩語、粵語、客話，都有這一説法。祇是不同方言區的人除了記作"肥腯腯"，還有"肥突突"

---

① 〔明〕梅鼎祚編《東漢文紀》卷十三，《文淵閣四庫全書》第1397冊，臺北：臺灣商務印書館，第0273a頁。
② 見張存良《水泉子漢簡〈蒼頡篇〉整理與研究》，蘭州大學博士論文，2015年，第121頁。
③ 〔宋〕吴聿《觀林詩話》，《文淵閣四庫全書》第1480冊，臺北：臺灣商務印書館，第0016a頁。
④ 民國十五年（1926）鉛印本《南川縣重修縣志》。
⑤ 民國二十三年（1934）鉛印本《安徽通志》。
⑥ 李鼎超《隴右方言》，蘭州：蘭州大學出版社，1988年。

"肥凸凸""肥坨坨""肥透透""肥篤篤""肥都都""肥奪奪"等許多寫法。①

《說文》"腯"從盾得聲,《周禮·地官·封人》"歌舞牲"鄭玄注引鄭司農云:"封人主歌舞其牲,云博碩肥腯。"陸德明釋文:"腯,徒忍反。"《集韻·恨韻》徒困切:"腯,牲充。"明方以智《通雅·飲食》:"腯胲,肥肉也。肥盛爲腯腯。《莊子》曰'臘者之腯胲',腯亦音盾。今人但知元凱音突,而不知象遯楯三音之相因。"是"腯"除有入聲的讀法,又有陽聲韻的讀法,這兩種音讀一直延續了下來,所以現代方言還有"肥盾盾/鈍鈍"的說法。例如:東莞市長安鎮一帶方言,形容人、動物過於肥胖或肉類過於油膩爲"肥鈍鈍",李平康說,"'肥鈍鈍'實際是'肥腯腯'"。②所言甚是。

有的地方既說"肥腯腯",也說"肥敦敦"。如番禺話(粵語):

天養人肥敦敦,人養人瘦鞁骨。
人欺人肥突突,天欺人一把骨。

林澤生等注:"突,廣東話,與上注'敦'同義,音稍有不同。"③

閩南一些地方也有這樣的情況。閩南話的重疊詞裏,形容人體態肥胖的,有"肥頓頓"、也有"肥腯腯"。④字又有"肥褪褪""肥㨆㨆""肥扽扽"等各種不同寫法。⑤

宋元以來,口語中"肥"往往爲"胖"所替代,因而又有"胖腯腯""胖突突""胖墩墩""胖扽扽"等在詩文中出現。如民國二十四年(1935)鉛印本《萊陽縣志·禮俗·方言》:"肥曰胖(音如龐)腯腯的;瘠曰瘦怯怯的。"黃侃《蘄春語》:"今吾鄉語狀小兒肥盛,曰胖腯腯;或曰胖腯了底。"⑥姜亮夫說昭通方言:"謂肥曰胖敦敦,指小兒則曰胖嘟嘟。"(西南官話)"胖敦敦""胖嘟嘟"同源,在昭通話裏它們在表義上有所分工,分別適用於不同的對象,源於古代的兩種音讀在方言裏有了不同的功用,漢語裏這種現象值得研究。

"肥腯腯"的"腯"在廣州粵語裏讀音[tɐt⁵⁵],"肥盾盾"的"盾"讀音[tʼɐn¹¹],⑦正與古音"腯"[dʰuât]、"盾"[djuən]音讀相照應。⑧也有可能,漢代一些地方方言裏就有"肥突突/腯腯""肥盾盾"兩種不同的說法。

自漢代以來一直活躍於漢語口語中,至今仍廣泛分布於南北各方言區,并且

---

① 許寶華,[日]宮田一郎:《漢語方言大詞典》,北京:中華書局,1999年,第3516-3519頁。
② 李平康:《長安方言談》,廣州:廣東人民出版社,2012年,第95頁。
③ 林澤生:《中國諺語集成·廣東卷》,北京:中國ISBN中心出版社,1997年,第242頁。
④ 姚景良《趣味閩南話》,北京:作家出版社,2006年,第288頁。
⑤ 許寶華,[日]宮田一郎《漢語方言大詞典》,北京:中華書局,1999年,第3516-3519頁。
⑥ 黃侃:《黃侃論學雜著》,上海:上海古籍出版社,1980年,第411頁。
⑦ 許寶華,[日]宮田一郎:《漢語方言大詞典》,北京:中華書局,1999年,第3518頁。
⑧ 這裏采用董同龢的構擬。

衍生出不同的意義和用法，這個俗語詞"肥突突/腯腯"顯示出的强大生命力。

三、從"肥突突"看七言本《蒼頡篇》的語言特徵

漢簡《蒼頡篇》的研究中，水泉子七言本的語言特徵也是學者們關注的一個問題。胡平生認爲，水泉子漢簡《蒼頡篇》"七言本文字多俗詞俚語"，"是那些活躍在民間的'閭里書師'所作"，①所言甚是。不過，七言本的每一句裏，前四字與後三字的語言風格及其功用是不一樣的，應該區別對待。《漢書·藝文志》："漢興，閭里書師合《蒼頡》《爰歷》《博學》三篇，斷六十字以爲一章，凡五十五章，并爲《蒼頡篇》……《蒼頡》多古字，俗師失其讀。"②儘管漢閭里書師在合併秦《三蒼》時有增添有改動，出現象"漢兼天下"這樣的句子，但就整體而言，合併後的《蒼頡篇》，主要是對李斯《蒼頡篇》、趙高《爰歷篇》、胡毋敬《博學篇》的繼承，即以存古爲主。據班固《藝文志》，秦《三蒼》"文字多取《史籀篇》"，有很多古字，以致"俗師失其讀"。就是説到了漢初，民閒書師很多已經讀不通四言體《蒼頡》了。可以肯定地説，有的字（詞）或者字的某種意義在漢代口語中已經不常用或者變得很生僻了，要理解并掌握它們，對於漢初的學童者來説并不容易。對四言本進行改編，在句後綴加三字口語俗言，依照舊例使成七言韻文，仍保持"有文理，成句讀，取便記誦"③的特點，以方便學童學習，也許這正是七言本改編者的初衷。

"七言本文字多俗詞俚語"，主要體現在後三字上。它其所記錄的大多爲當時的俗語，像"心不平"（C011）、"盡安寧"（C011）、"毋入刑"（C012）、"好衣服"（C013）、"思美食"（C014）、"有所惑"（C016）、"不復出"（C017）、"父母悲"（C021）、"在北方"（C025）、"人所欲"（C042）、"藏中央"（C048）、"蟲南北"（C062）、"離其鄉"（C094）之類，語意淺顯，通俗易懂，具有鮮明的口語化特徵。另外，還有一些像"肥突突"這樣的 ABB 式形容性俗語詞，"鼓冒冒"（C035）、"聲琅琅"（C036）、"泥式式"（C044）等皆是。它們的運用，不僅增强了文本的生動性，提高了可讀性，更重要的是，三字語"與前四字在文義上有一定的邏輯聯繫，或引而申之，或總而括之，或辯而明之"，④使學習者對前四字更加容易理解、識記。如"[廚]宰犢豢肥突突"（C018）一句，"廚宰"與"犢豢"所表意義雖有類別上的相關性，但并不屬於

---

① 胡平生：《漢水泉子漢簡七言本（蒼頡篇）》，復旦大學出土文獻與古文字研究中心網，www.gwz.fudan.edu.cn，2010 年 1 月 21 日。
② 《漢書》卷三〇《藝文志》，出版社，出版年，第 1721 頁。
③ 〔清〕龍璋：《小學搜逸（外三種）》，北京：國家圖書館出版社，2013 年，第 23 頁。
④ 張存良：《〈蒼頡篇〉的版本、流傳、亡佚和再發現》，《甘肅社會科學》，2015 年第 1 期。

同類事物，從句中二者的關係看不出"犓豢"是泛指牲類，還是分別指"以芻莖養圈牛"①"以穀圈養豕"，加上"肥突突"這個三字俗語，就把語意指嚮了牲畜一類，十分明了。再如"□邘許莊姓不亡"（C023）一句，"姓不亡"是說，作爲故國它們都早已滅亡，但其後人以國爲姓（氏），猶存在於此。聯系上一簡"□（蔡）宋衛故有王"（C022），其實都是在申明國與姓（氏）的關係，講說姓氏的來源，起着疏通文意的作用。

閻里書師所綴加的三字語，其屬辭成句也不像原四字語那樣嚴謹，全然是一種不事雕琢、率然而就的風格，這從三字語絲毫不避忌重復這一點就可窺其大概。例如："智不願"（C001）、"心不平"（C011）、"姓不亡"（C023）、"水不行"（C033）、"稱不絶"（C058）、"䌛不行"（C070）、"□不亡"（C076）、"不復出"（C017）、"不可量"（C032）、"不敢有"（C072）、"不敢隨"（C101）等，僅就已知材料統計，後三字語中的"不"出現達11次之多，這在980個全部簡文中所佔比例是很高的。這正是七言本《蒼頡篇》通俗化的體現。出土漢簡四言體《蒼頡篇》是有重復字的。以北京大學所藏爲例，"菹醢離异""胡貉離絶"之"離""狄署賦賓""戎翟給賓"之"賓""飭端修灋""端直準繩"之"端"等，②都是重復的，但像這樣的重復字在《蒼頡篇》中并不是很多。相比較可以看出，七言本與四言本在語言風格上有着顯著的不同。這種不同，正是里閻書師們努力使漢初合併後的《蒼頡篇》更加通俗化的結果。

王國維《史籀篇疏證序》說："《倉頡》文字既取諸《史篇》，文體亦當仿之。又觀於'其牆'二文，知篇中之有復字；'雺''姚'諸字，知用字之多假借：皆與《倉頡篇》同。"③今以"突突"爲"腯腯"之假借例之，七言本《蒼頡篇》中當有相不少同音替代現象。七言本中後三字語多俚俗，俚俗詞語用同音假借字來記錄，是很正常的，特別是ABB式形容性的俗語詞，其重疊的BB最容易用同音字書録。據此推測，"鼓冒冒"（C035）"泥式式"（C044）中"冒冒""式式"，也有可能是同音假借，從假借的角度去尋繹也許可以得其解。了解這一點或許有助於對七言本《蒼頡篇》的解讀。

漢代閻里書師在語文教育方面厥功甚巨，其所改編的七言體《蒼頡篇》采納了很多漢代的俗言俗語，這些都是研究漢語詞彙、特別是俗語詞發展史的不可多得的材料。我們期待着更多的《蒼頡篇》材料不斷地被發現，爲漢語史的研究提供可靠的新語料。

---

① 此據段玉裁注改爲"以芻莖養圈牛"。見段玉裁《說文解字注》，上海：上海古籍出版社，1981年，第205-206頁。
② 參見北京大學出土文獻研究所：《北京大學藏西漢竹書（壹）》，上海：上海古籍出版社，2015年，第77-101頁。
③ 王國維：《王國維全集》第八卷《觀堂集林》，杭州：浙江教育出版社，2009年，第165頁。

天水放馬灘秦簡《日書》"朐濡"考辨

方 勇[①]

【摘要】天水放馬灘秦簡《日書》乙種 207 簡中"胎濡"一詞學術界有不同的釋讀。綜合圖版和諸家觀點來看，此二字應釋作"朐濡"爲是。對於此詞的含義學術界也有多種解釋。現據圖版和文獻記載，此"朐濡"應讀作"鴝鵒"，指八哥。

【關鍵詞】放馬灘秦簡；朐濡；鴝鵒

天水放馬灘秦簡《日書》乙種二〇七簡：

日中至日入投中黄鐘，胎濡（獳）殹，小面，多黑艮（眼），善下視，黑色，善弄，隋=（隋隋），不旬（徇）人。[②]

因天水放馬灘秦簡原整理者釋文沒有句讀，且個別字形考釋有誤，[③]爲了說明問題，故暫將孫占宇 2013 年《天水放馬灘秦簡集釋》書中所作釋文列於上方。其中的"胎濡"一詞，爲原整理者所隸定，孫占宇 2008 年疑其是鼠一類的動物；[④]程少軒、蔣文二位疑是鼠或蝙蝠之類的動物，且因"胎"筆劃殘泐，認爲原釋讀可疑。[⑤]陳炫瑋認爲"胎"有"小"意。"胎濡"似讀爲"胎鼺"，"鼺"表小兔義。[⑥]宋華強將"胎"改釋爲"朐"，讀"朐濡"爲"狗獳"，認爲即《山海經·中山經》之"獳犬"。[⑦]後來，程少軒對此有專題研究，他說：

簡文中的"胎濡"是一個禽名。在簡 206 中，與"平旦至日中""黄鐘"相配的禽名是"鼠"，而"黄鐘"對應十二地支的"子"位。由此可知"胎濡"與"鼠"以及另一支殘缺的、與"日入至晨""黄鐘"相配的竹簡所載禽名應屬於同一組。三十六禽是由十二禽發展來的，十二禽中的每一種動物演化出三種不同

[①] 方勇：吉林外國語大學國際傳媒學院教授，從事古文字、古文獻研究。
[②] 孫占宇：《天水放馬灘秦簡集釋》，蘭州：甘肅文化出版社，2013 年，釋文第 233 頁，注釋 236 頁。
[③] 甘肅省文物考古研究所：《天水放馬灘秦簡》，北京：中華書局，2009 年，釋文第 97 頁，圖版第 37 頁。
[④] 孫占宇：《放馬灘秦簡日書整理與研究》，西北師範大學 2008 年博士學位論文，第 75 頁。
[⑤] 程少軒、蔣文：《略談放馬灘簡所見三十六禽（稿）》，復旦大學出土文獻與古文字研究中心網站（http://www.fdgwz.org.cn/Web/Show/974），2009 年 11 月 11 日。
[⑥] 上引《略談放馬灘簡所見三十六禽（稿）》一文的網絡評論。
[⑦] 宋華强：《放馬灘秦簡〈日書〉識小錄》，《簡帛》第六輯，上海：上海古籍出版社，2011 年，第 76-77 頁。

的、但又密切相關的動物。放馬灘簡中的這一組動物，系由鼠演化而來。

三十六禽究竟是哪三十六種動物，頗多異說。《五行大義》《摩訶止觀》《太白陰經》《演禽通纂》《琅琊代醉編》《升庵集》《珞琭子賦》釋曇瑩注及徐子平注等傳世文獻及上博藏六朝銅式盤、山西代縣出土聶氏墓志等出土文物所見皆不完全相同。現將上舉資料中與鼠相關的一組列表如下：

放馬灘簡	六朝銅式	五行大義	摩訶止觀	太白陰經	聶氏墓志	釋曇瑩注	徐子平注	演禽通纂	琅琊代醉編	升庵集
鼠	蝮	鷰	貓	燕	鷰	鼠	鼠	鼠	鼠	鼠
胎濡	鼠	鼠	鼠	鼠	鼠	蝠	蝠	蝠	蝙	蝙
?	鷰	伏翼	伏翼	蝠	蝠	鷰	鷰	燕	燕	燕

"鼠"這一組禽名，雖然也有異文，但除放馬灘簡外，其他幾種資料所載動物皆是一致的，僅有順序的差別。"鷰""鷰"是"燕"的異體。伏翼是蝙蝠的異名。《神農本草經》卷下："伏翼……，一名蝙蝠。"六朝銅式中的"蝮"，是"蝠"之借字。《後漢書·崔琦傳》"蝠蛇其心，縱毒不辜。"李賢注："《字書》蝠音福，即蝙蝠也。此當作蝮，音芳福反。"……

按，細審圖版，原釋"胎"之字作 ![字] （摹本 ![字] ）。此字右上角確有殘泐。若是"胸"字，則意味着該字右側整體殘缺。不過，原簡保存情況較好，該字前後兩字均清晰完整，其字本身周圍竹簡色澤紋路也較連貫，因此殘損筆劃不會太多。綜合這些情況，此字釋讀應該遵從原整理者的意見，確是"胎"字。我們認爲，"胎濡"當讀爲"胎燕"，指蝙蝠。①

按，以上程少軒的行文思路清晰，論述有理。按照這樣的邏輯進行推理，以上簡文中"胎濡"一詞所指含義的大致範圍似乎可以確定了，也正因如此，程少軒才將"濡"讀爲"燕"，并解釋"胎濡"爲胎生的燕子，即指蝙蝠。

2015年《秦簡牘合集（四）》出版，此書是在前引孫占宇《天水放馬灘秦簡集釋》一書的基礎上進一步修訂和擴充而成，它集中反映了天水放馬灘秦簡的最新科研成果。在此書中，編著者即采用了宋華强釋"胸"的意見，且疑"濡"讀爲"朒"，"胸朒"即指蚯蚓，并言簡文所述特徵與蚯蚓相當。②本文認爲"蚯蚓"的外形特徵和簡文所描述的情況其實是不相符的，且"蚯蚓"這種陸生環節動物和"燕"及"蝙蝠""鼠"等動物實屬不類，故"胸朒"之說太過勉强，令人難以信從。

本文認爲上引程少軒的意見是解釋簡文"胎濡"含義的一個新思路，但是

---

① 程少軒：《胎濡小考》，《中國文字研究》第十九輯，上海：上海書店出版社，2014年，第82-84頁。
② 武漢大學簡帛研究中心、荊州博物館編，陳偉主編：《秦簡牘合集（四）》，武漢：武漢大學出版社，2015年，第161頁。下引此書意見不另注。

"胎"字字形的釋讀却值得商榷。本文還認爲應以釋"朐"的意見爲佳，下面就來補充説明一下這個問題，先看簡文中所釋的"胎濡"的字形，其在 2009 年普通版本中作▇▇形，在 2013 年紅外綫版本中作▇▇形，①通過比較可見此簡 2009 年版的圖形較爲清晰。爲了説明問題，我們先來看一下秦簡中的"台"字，其常作▇、▇等形；②秦簡中從"台"形的"始"字常作如下形：

▇、▇、▇、▇▇（摹）

又秦簡中的"句"字皆作如下形：

▇、▇、▇

從"句"旁的"笱"字異體字作如下形：

▇、▇、▇、▇、▇

從"句"旁"狗"作如下形：

▇、▇、▇、▇

通過觀察可以發現，秦簡中"台"字上部的字形幾乎没有做開口狀的，天水放馬灘秦簡的所謂"胎"字右側所從與上舉秦簡的"台"字、"始"所從"台"形確實不類，但却與上舉"句"及"笱""狗"字形所從"句"形上部吻合。此外，宋華强《放馬灘秦簡〈日書〉識小録》一文業已舉出睡虎地秦簡諸多從"句"之形的字例，大家亦可參看。③又上引程少軒文認爲"此條簡保存完好，該字前後兩字均清晰完整，其字本身周圍竹簡色澤紋路也較連貫，因此殘損筆劃不會太多"。但是竹簡上的"朐"字右側殘泐的情况還是存在的，爲了更直觀，不妨先把此簡文圖版相關部分的截圖列於下方：

2009 年版本　　　　　　　　　2013 年紅外綫版本

---

① 孫占宇：《天水放馬灘秦簡集釋》，蘭州：甘肅文化出版社，2013 年，紅外綫圖版第 47 頁。下文所引紅外圖版亦出此書，不另注。
② 方勇：《秦簡牘文字編》，福州：福建人民出版社，2012 年，第 31 頁。以下所引秦簡字例皆出此書，不另注。
③ 宋華强：《放馬灘秦簡〈日書〉識小録》，《簡帛》第六輯，上海：上海古籍出版社，2011 年，第 77 頁。此文原發表於"武漢大學簡帛網"（http://www.bsm.org.cn/?qinjian/5418.html），2010 年 2 月 14 日。

很明顯，此簡 2009 年版本的圖版品質要稍好於 2013 年紅外綫版本，通過仔細觀察此簡的 2009 年圖版，就會發現"朐"字上一字"鐘（鐘）"字形所從"童"旁的最右側有明顯一條整齊劃一的殘泐痕跡（即字形中我們標注黑綫的部分），其殘泐部分的下延走向和"朐"字"句"旁的最右側豎形筆劃的缺筆走向前後連貫，但是下面的"濡"字受此影響不大。因此，"朐"字右側"句"旁的筆劃應該存在着較大的殘泐，所以將其釋爲"朐"字没有問題，這可證宋華强對於此字形的隸定是正確的。

綜上，本文認爲可以將"朐濡"一詞讀爲"鴝鵒"，即指八哥。《說文解字》收録"鴝鵒"二字，其曰："鴝，鴝鵒也。從鳥句聲。""鵒，鴝鵒也。從鳥谷聲。古者鴝鵒不踰沛。"對於"鴝鵒"一詞，段玉裁《注》曰："今之八哥也。《左氏春秋·昭公》二十五年：'有鸜鵒來巢。'鸜本又作鴝。《公羊》作鸛，音權。《谷梁》作鸜，亦作鸛。《考工記》作鸜，亦作鸛。郭注《山海經》曰'鸜鵒，鴝鵒也'。按句、瞿音同，作鸛音權者，語轉也。鴝與隹部雊各字。從鳥，句聲。"因"朐""鴝"皆從"句"得聲，故二者通假自無問題；又從"谷"得聲之字可以和從"俞"得聲之字通假，且從"需"得聲之字與從"俞"得聲之字亦可通假，①此可證"谷""需"古音關係密切，故"濡"通假爲"鵒"是完全可以的，"朐濡"即"鴝鵒"。

"鴝鵒"或者"鸜鵒"，又叫"唧唧鳥"，俗稱八哥，典籍對此多有記載，如上引《春秋·昭公》二十五年："有鸜鵒來巢。"楊伯峻注："鸜同鴝，音劬。鸜鵒即今之八哥，中國各地多有之。"《淮南子·原道訓》："鴝鵒不過濟，貉渡汶而死。"漢王逸《九思·疾世》："鴟雀列兮嘩讙，鴝鵒鳴兮聒餘。"宋顧文薦《負暄雜録·物以諱易》記載："南唐李主諱煜，改鴝鵒爲八哥。"

據《辭海》載："八哥，鳥綱，椋鳥科。我國有三個亞種。此指名亞科體長 28cm。體羽黑色有光澤；喙和足黃色。鼻羽呈冠狀。翼羽有白斑，飛時顯露，呈'八'字形，故稱'八哥'。雜食果實、種子和昆蟲等。留居我國中部、南部各省區平原和山林間。雄鳥善鳴，經籠養訓練，能模仿人言的聲音。"②

通過觀察實物圖，其實可以發現"鴝鵒"的外形與簡文描述内容十分接近，簡文曰"小面，多黑艮（眼），善下視，黑色，善弄，[行]隋=（隋隋），不旬人。"其中的"小面"符合"鴝鵒"這種鳥類的面部特徵。"多黑眼"，宋華强認爲"黑眼"就是俗稱的"黑眼珠"，"多黑眼"就是黑眼珠多，白眼珠少。③此說可從，再通俗一些講就是指"黑眼仁"大一些、多一些。我們通過查找"鴝鵒"的一些相關資料和圖片發現"鴝鵒"的眼睛會隨着年齡的增長，呈現出青、黃等不同的

---

① 張儒、劉毓慶編：《漢字通用聲素研究》，太原：山西古籍出版社，2001 年，第 305、281 頁。
② 辭海編輯委員會：《辭海》（1989 年版）縮印本，上海：上海辭書出版社，1990 年，第 307 頁。
③ 宋華强：《放馬灘秦簡〈日書〉識小録》，《簡帛》第六輯，上海：上海古籍出版社，2011 年，第 77 頁。

顏色，唯獨沒有白頭顏色的眼珠，但眼睛中間的"黑眼仁"一直特別明顯，這可能和簡文"多黑眼"所指暗合。"善下視"，《秦簡牘合集（四）》編著者認爲是"喜歡往下看"，此說應可從。"黑色"亦是和"鴝鵒"體羽黑色相應。"善弄"，《秦簡牘合集（四）》編著者解釋爲"玩耍、遊戲"之意，亦是可從，在此之前，程少軒也認爲其爲"玩"義。①"隋隋"，《秦簡牘合集（四）》編著者認爲其上面脫"行"字，此說亦可從，我們疑"隋隋"讀爲"遂遂"，《荀子·成相篇》："莫肯下隧。"楊倞注："隧，讀曰隨。"此可證"隋"讀爲"遂"沒有問題。"遂遂"指隨行之貌，《禮記·祭義》："及祭之後，陶陶遂遂，如將復入然。"鄭玄注："陶陶、遂遂，相隨行之貌。"簡文"[行]隋隋"是指"鴝鵒"飛行時或者覓食時前後相隨的樣子。簡文中的"旬人"，《秦簡牘合集（四）》編著者疑爲"殉人"或"徇人"，指曲從他人之意。所謂的"旬"作 ▨（紅外圖版）、▨（普通圖版）形，我們認爲此字其實當是"侚"字，其人旁上部稍有殘泐。《說文》曰："侚，疾也。從人旬聲。"因從"旬"之字可以和從"袁"之字通假，如"惸"和"嬛"，《詩經·周頌·閔予小子》："嬛嬛在疚。"其中的"嬛"字，《文選·寡婦賦》李善注引《韓詩》作"惸"。②《說文》曰："嬛，材緊也。從女䢼聲。《春秋傳》曰：'嬛嬛在疚。'許緣切。"又《說文》："䢼，從目袁聲。"故"侚"可讀爲"遠（遠）"，"遠"有不接近、疏遠之義，如《論語·雍也》："敬鬼神而遠之，可謂明智矣。"《管子·牧民》："嚴刑罰，則民遠邪。"《韓非子·外儲說右上》："若君欲奪之，則近賢遠不肖。"皆是其詞義例證。簡文曰"不侚（遠）人"，則是指不疏遠人、願意接近人之義。

　　本文認爲"八哥（即鴝鵒）"的這些生活習性正可以和簡文相對應，正因爲其活潑好動而"善弄"；因爲經常在地面覓食而"善下視"；因爲性喜群栖、集體覓食而"[行]隋隋"；因爲聰明乖巧、易與人親近而"不侚（遠）人"。

　　此外，"鴝鵒"是古代常見之動物，體羽黑色的特徵和燕子、蝙蝠等動物的顏色極爲相近，所以古人將其列入天水秦簡"三十六禽"的體係中也是可以的。

　　基於以上分析，本文認爲"朐濡"指"鴝鵒"（即"八哥"）。但因簡文辭例簡短，所以其具體含義可能還有待進一步地深入研究，希冀我們的研究能夠爲此問題的解決帶來新的啓發。

---

① 程少軒：《放馬灘簡式占古佚書研究》，復旦大學博士論文，2011年，第106頁。
② 張儒、劉毓慶編：《漢字通用聲素研究》，太原：山西古籍出版社，2001年，第836頁。

讀《懸泉漢簡（壹）（貳）》釋文札記六則

肖從禮①

【摘要】對《懸泉漢簡（壹）》七條簡文中的部份釋文重新加以考釋，主要包括原釋文"佐"字當改釋"左"；"漬"應爲整理者衍釋；原整理者未釋分作兩"□"者可補釋爲"冠"和"銍"二字；原釋文作"幤"者當改釋作"敝"字；原釋文中兩處作"壯"者皆當改釋作"莊（莊）"字；原釋文"醬"當釋作"將"；"故將"當改釋作"致將"。在此基礎上對上述諸字之間的用法略加辨析。

【關鍵詞】懸泉漢簡；簡文校讀

甘肅簡牘博物館、甘肅省文物考古研究所、陝西師範大學人文社會科學高等研究院、清華大學出土文獻研究與保護中心合編的《懸泉漢簡》之壹、貳先後由中西書局出版。現根據讀簡記錄，選出幾條釋讀意見形成札記，拋磚引玉，以就教方家。②

一、左、佐

（1）受<u>佐</u>　　　　　　　　　　　　　　Ⅰ90DXT0109②:52B
（2）縣泉<u>佐</u>楊□，□吏送王博卿　　　Ⅰ90DXT0109②:64③

上列兩簡中釋作"佐"字的簡影分作""""。據簡影可知此二字皆當釋作"左"爲是。按"左"讀作"佐"，佐助之吏，屬於低級文書吏。《史記·秦始皇本紀》："佐弋竭。"裴駰集解引《漢書·百官表》："秦時少府有

---

* 本文是2021年度甘肅省社科規劃項目《〈懸泉漢簡（壹）〉綜合整理研究》（項目編號2021YB154）階段性成果。

① 肖從禮，甘肅簡牘博物館研究館員，研究方向主要是出土文獻與簡牘學。

② 按，從2020年3月開始，甘肅簡牘博物同事集中研讀了一些簡文，2021年9月始甘肅簡牘博物館與蘭州大學文學院聯合開展了讀簡班。在讀簡過程中大家陸續有一些釋讀意見，今擇數條，撰成札記，以供批評指正。需說明的是，所撰札記爲讀簡班集體成果，惟文中錯誤或表述不當之處，由本文負責。

③ 甘肅簡牘博物館、甘肅省文物考古研究所等：《懸泉漢簡（壹）》，上海：中西書局，2019年。本文凡引是書釋文，不俱出注。

佐弋，漢武帝改爲佽飛，掌弋射者。"①《漢書·百官公卿表上》"佐"作"左"。②漢簡中"左""佐"亦通用，如"縣泉左"在漢簡中亦可見寫作"縣泉佐"（Ⅰ90DXT0114①:37+164），"佐"字簡影即作"㐫"。

二、清、漬

（3）·治清醬方乾脯一束清之　Ⅰ90DXT0109 S:272

簡文第二個"清"字，原整理者釋作"清漬"，多一"漬"字。按，原釋"清漬"二字處在簡上書寫作"㳊"。原整理者釋此字作"清漬"二字恐誤，從簡文書寫來看，所占爲一字，故必有一字爲衍字。從殘存筆劃來看，當釋"清"字，而"漬"字爲原整理者定稿時未及刪除之衍字。按，此簡文中前一個"清"字墨筆清晰，可與殘缺右半的第二個"清"字相對較。

三、幣、敝

（4）六月餘鞍五，其二<u>敝</u>、三完　Ⅰ90DXT0109 S:134

簡中"敝"原整理者釋作"幣"。按，他簡中幣字簡影多作"幣"（Ⅰ90DXT0109②:3），與此簡"敝"的字形差異較大。與他簡所釋敝字的簡影"敝"比較可知，此字當釋作"敝"。按，敝，破爛；破舊。《易·井》："甕敝漏。"《史記·萬石張叔列傳》："仁爲人陰重不泄，常衣敝補衣溺袴。"

四、壯、莊

（5）内中壯毋裾單平席皆敝，恩澤詔書靡減，清踞不壯事垣足埤坭不治，右三傳。……毋强五□□✓　Ⅰ90DXT0111②:112

（6）·告縣置廚更治切肉机，長二尺。令隆刀杜有□持入，居前□肉，務令壯事　Ⅰ90DXT0110①:98

上舉簡例（5）中原釋文"壯"凡兩見，兩壯字簡影分作"壯""莊"，兩相比較可知，第二個當釋作"莊(莊)"字。例（6）簡中整理者原釋文"務令壯事"（Ⅰ90DXT0110①:98）中壯字簡影作"莊"，雖文有殘泐，但據殘存筆劃可知亦當釋作"莊(莊)"字。按，漢簡中"莊事"一詞習見，有時亦寫作"壯事"（如Ⅰ

---

① 《史記》卷六《秦始皇本紀》，北京：中華書局，1959年，第229頁。
② 《漢書》卷一九《百官公卿表上》，北京：中華書局，1962年，第731頁。

90DXT0110①:91），均指莊重其事。①

五、醬、豉

（7）市記：醬一斗、脂三斤、□□一斤、肺二斤（節録）　Ⅰ90DXT0114①：116A
（8）□用韭，爍，韭齋，故將(削衣)　Ⅰ90DXT0110①:56

例（7）爲懸泉置物資采購賬簿，即"市記"，其中的"醬"字簡影作"[圖]"，簡中此字左旁和右旁上邊部分字迹尚可辨識，惟右下邊筆畫模糊，但從殘存筆畫和位置推斷或爲"寸"部，即該字當爲"將"而非原釋文"醬"字。在懸泉漢簡中有"將"字作"[圖]"（Ⅱ90DXT0111①: 175）。②又懸泉漢簡中"醬"字寫法有作"[圖]"（Ⅰ90DXT0112③:72）、"[圖]"（Ⅰ90DXT0114③:107）③等，將懸泉漢簡中"將""醬"二字的寫法相比較可知，例（7）中原釋作"醬"字或釋作"將"，通"醬"，豆醬類食物。④

例（8）簡文中釋文"韭齋"可讀作"韭齏"，⑤即切成碎末的韭菜。原釋文"故"簡寫作"[圖]"，"將"字簡影作"[圖]"，據圖"故將"當改釋作"豉將"，讀作"豉醬"，即豆豉和醬。韭齏、豉、醬三者皆屬於飲食中的調味之物。

六、冠、銍

（9）今見冠廿九少，今見鉤刃九十六少，今見吳斧廿九□，今見畚百七十一，凡見銍七百八十二□，受廣至……　Ⅰ90DXT0116 S:37

上簡中"冠"整理者未釋，作"□"。按此字簡影作"[圖]"，與他簡中釋冠字者如"[圖]"（《居延》180.8）⑥對比可知，其殘存字形與筆劃相近。第二個"少"字整理者未釋，作"□"。按此字僅殘存筆劃，據簡中文例可釋作"少"。"銍"

---

① 莊有嚴肅、莊重、恭敬之意。《論語·爲政》："臨之以莊，則敬。"劉寶楠《正義》："莊，嚴也。"《韓非子·外儲説左下》："季孫好士，終身莊，居處衣服，常如朝廷。"亦此意。《玉篇·艸部》："莊，敬也。"《集韻·陽韻》："莊，恭也。"
② 原釋文作"介將二"（Ⅱ90DXT0111①: 175），可從。參甘肅簡牘博物館等編《懸泉漢簡（貳）》，上海：中西書局，2021年。
③ 原釋文作"奈醬"，可從。參《懸泉漢簡（壹）》（上海：中西書局，2019年）第539頁。
④ 《周禮·天官·膳夫》："凡王之饋，食用六穀……醬用百有二十罋。"鄭玄注："醬，謂醯醢也。"《太平御覽》卷九三六引三國魏曹操《四時食制》："郫縣子魚，黃鱗赤尾，出稻田，可以爲醬。"
⑤ 按，齋、齏二字古音同屬齊韻精母，故二字音近可通假。又按，"韭齋"讀作"韭齏"由蘭州大學文學院强基班王瑞霖提出。齏，用醋、醬拌和，切成碎末的菜或肉。《周禮·天官·醢人》："以五齊、七醢、七菹、三臡實之。"漢鄭玄注："齊，當讀爲齏……凡醯醬所和，細切爲齏。"孫詒讓正義："齏爲切和細碎之名，故菜、肉之細切者通謂之齏。"
⑥ 簡牘整理小組：《居延漢簡》，臺北："中研院"史語所專刊之一〇九，2015年，第199頁。

整理者未釋，作"□"。按，此字簡影作"㮚"，左邊之"金"尚清晰可辨，右邊之"至"雖模糊，但幾道橫畫尚可辨。此字可與他簡釋銍字者如"㮚"(《敦煌》28)①、"㮚"(《金關》72ECC：14A)②等相參照比較。按，此簡所記"鉤刃""吴斧""舌"均屬於農業生產工具，而補釋之"冠""銍"亦同是生產工具，銍是收割工具。"冠"與"吴斧"③作爲犁耕農具，是配套使用的。

---

① 張德芳：《敦煌馬圈灣漢簡集釋》，蘭州：甘肅文化出版社，2013年，第187頁。
② 甘肅簡牘博物館等編：《肩水金關漢簡（伍）》中册，上海：中西書局，2016年，第261頁。
③ 關於懸泉漢簡中記載的"吴斧"一詞的考證，甘肅簡牘博物館館員高澤有專文討論（未刊），此不詳述。

敦煌變文疑難詞語考釋八則

楊小平①

【摘要】敦煌變文中"甈人""顛䜛""放關""隔事""客派""群神""蔭""院長"等八條詞語意思費解，辭書未收錄，影響敦煌文獻閲讀、整理與研究。這些語詞有的始見於唐代，有的還活在現代方言中。排比歸納這些詞語在典籍的文獻用例，將敦煌文獻與方言互證結合，或抉發其古義，或辯正其舊説，或探明其語源。

【關鍵詞】敦煌變文；詞語；考釋；校勘

敦煌變文在前輩學者的努力下，已解決了許多問題，但仍存在一些疑問。敦煌文獻中"甈人""顛䜛""放關""隔事""客派""群神""院長"等八條詞語意思費解，辭書未收錄，影響敦煌文獻閲讀、整理與研究。這些語詞有的始見於唐代，有的還活在現代方言中。排比歸納這些詞語在典籍的文獻用例，將敦煌文獻與方言互證結合，或抉發其古義，或辯正其舊説，或探明其語源。敦煌變文的版本采用1997年中華書局出版的黄征、張涌泉《敦煌變文校注》(下面簡稱《校注》)②。爲便於核對，引例注明頁碼和篇名。

甈 人

《季布詩詠》："甈人負戟已復年，百戰百傷命轉然。"③《校注》："作'人'作'入'意皆費解，疑當作'戈'。"④

按："甈人"費解。項楚1990年出版的《敦煌變文選注》錄作"甈人負戰已數年"，對"甈人"一詞并無注釋。⑤2006年出版的《敦煌變文選注》增訂本同。⑥《校

---
* 本文是2010年四川省哲學社科規劃課題階段性成果，編號爲SC10B024。
① 楊小平：西華師範大學文學院教授，碩士生導師。從事敦煌研究、漢語辭彙、訓詁研究。
② 黄征、張涌泉：《敦煌變文校注》，北京：中華書局，1997年。
③ 黄征、張涌泉：《敦煌變文校注》，第1197頁。
④ 黄征、張涌泉：《敦煌變文校注》，第1199頁。
⑤ 項楚：《敦煌變文選注》，成都：巴蜀書社，1990年，第771頁。
⑥ 項楚：《敦煌變文選注》，第1010頁。

注》根據"負戟"，疑"人"當作"戈"，恐非。因爲"人""戈"二字形音均遠，無由致誤。"人"字也非"入"字，因爲"躭入"不辭。"躭人"不誤，并不費解。敦煌變文前面說"丈夫躭得高官職"，"躭人"即"躭得高官職"的"丈夫"，就是迷戀官職的戰士。"躭"即"迷戀""酷嗜"義。該詞此義在文獻中多見，如《漢書·王嘉傳》："躭於酒色，損德傷年。"三國吳韋昭《博奕論》："臨事且猶旰食；而何暇博弈之足躭？""人"即男子漢，代指戰士。

顛詨

《維摩詰經講經文（二）》："今者蒙居士巧施方便，接引吾曹，將一條之悲索堅勞（牢），練五百之心猿顛詨。"①《校注》："詨，原卷右上部作'公'形，疑爲'詨'字俗寫。《集韻·肴韻》：'詨唆，數化切，俊言也。一曰妄言。或從口。'趙錄、潘錄作'說'，未契原卷。然'顛詨''顛說'并費解，俟再考。"②

按："顛詨"費解。黃征列爲新《待質錄》。③根據上下文，"顛詨"當作"立場不堅定，搖擺不定"。因爲"顛詨"與"堅勞（牢）"相對，"堅勞（牢）"形容悲索，"顛詨"形容"心猿"，"將一條之悲索堅勞（牢），練五百之心猿顛詨"即"將一條之堅勞（牢）悲索，練五百之顛詨心猿"。"堅勞（牢）"即"牢固""堅固""堅定"義，"顛詨"則與之相反，當有"不堅定""搖擺不定"義。《維摩詰經講經文（四）》："卓定深沈莫測量，心猿意馬罷顛狂。"④"顛詨"與"顛狂"的意思接近，"顛狂"即"狂亂"的意思。《廣韻·肴韻》："詨，枉也。"《漢語大字典》："詨：枉；妄言。《廣韻·肴韻》：'詨，枉也。'《集韻·肴韻》：'詨，妄言。'""枉"即"狂"，狂亂。"詨"當作"狂亂"的意思理解。

綜上所述，"顛詨"即"狂亂"義，"心猿顛詨"即心理狂亂。

放關

《佛說阿彌陀經講經文（一）》："問難往來如劈竹，放關辭辯似流星。"⑤

按："放關"費解。《校注》無注。陳秀蘭說"義待考"。⑥"放關"與"問難"對文同義，就是指"就某一話題進行辯論"，在論議中雙方進行辯論，互相責難。"問難"即詰問駁辯。文獻多見該詞此義，如《東觀漢記·賈宗傳》："上

---

① 黃征、張湧泉：《敦煌變文校注》，第812頁。
② 黃征、張湧泉：《敦煌變文校注》，第821頁。
③ 黃征：《敦煌語言文字學研究》，蘭州：甘肅教育出版社，2002年，第81頁。
④ 黃征、張湧泉：《敦煌變文校注》，第869頁。
⑤ 黃征、張湧泉：《敦煌變文校注》，第670頁。
⑥ 陳秀蘭：《敦煌變文辭彙研究》，成都：四川民族出版社，2002年，第41頁。

美宗既有武節，又兼經術，每晏會，令與當世大儒司徒丁鴻問難經傳。"《晉書·苻堅載記上》："問難五經，博士多不能對。""放關"與"問難"一樣都是針對對方提出思辨性的難題或者矛盾話題，不同的是"放關"是提出者，"問難"是論辯者。"放"與"問"對文同義，"關"與"難"對文同義。其中的思辨性的難題或者矛盾話題即"難"或者"關"。

隔　事

《維摩詰經講經文（四）》："慈悲隔事相提挈，未委何方是道場。"①《校注》："隔事，下文又有'隔事莫辭子細説'之語，袁賓讀作'居士'，未知確否，存疑待考。"②

按："隔事"費解，蔣禮鴻《敦煌變文字義通釋》列爲《待質録》。③此句前，敦煌變文言"今朝不往逢居士"，袁賓故據之認爲"隔事"讀作"居士"。袁賓所言似欠妥，因爲"隔事"與"居士"形音均不近，無由致誤。羅宗濤説："疑'隔事'乃'隔是'之訛。"并引《容齋隨筆》卷二認爲"隔"無義。④羅宗濤用音誤來進行幫助，但"隔是"解釋成"已是"并不能幫助變文的意思。而且在"隔事莫辭子細説"中，"隔是"也不能解釋成"已是"。不過，羅宗濤提出"隔"無義，倒是正確的。我們認爲"隔事"中"隔"無義，"隔事"即"事"，就是"道術""法術"的意思。"慈悲隔事相提挈"即"慈悲法術相提挈"。"隔事莫辭子細説"即"法術莫辭子細説"。符合文意和語法。"事"表示道術、法術，敦煌變文就有類似用例，如《葉淨能詩》："尹言其异聖事，録表奏聞。"⑤傳世文獻也多見"事"字此義，如《史記·扁鵲倉公列傳》："問善爲方數者事之久矣，見事數師，悉受其要事，盡其方書意，及解論之。"《裴鉶傳奇》："綱仕爲上虞令，有道術，能檄召鬼神；禁制變化之事，亦潛修密證，人莫能知。……綱每共試術，事事不勝。"前言"道術"，後言"事"，"事"與"道術"對言，即道術。

客　派

《維摩詰經講經文（二）》："被原宗堅來，尤泥累日，寫盡文書。緣是僧家，

---

① 黄征、張涌泉：《敦煌變文校注》，第866頁。
② 黄征、張涌泉：《敦煌變文校注》，第879頁。
③ 蔣禮鴻：《敦煌變文字義通釋》，上海：上海古籍出版社，1997年，第557頁。
④ 羅宗濤：《敦煌講經變文研究》，高雄：佛光出版社，2004年，第320頁。
⑤ 黄征、張涌泉：《敦煌變文校注》，第335頁。

不欲奉阻。朔方釋客派。"①《校注》:"客派,原卷字形模糊,趙録作'客派',未知確否。項楚云:''客派'未詳其義,或者匡胤也是掛搭龍興寺的客僧吧?'按:這二字疑爲僧人名字,俟再考。"②

按:"客派"費解。趙録是,《校注》因爲"客派"在"朔方釋"後,疑爲僧人名字,欠妥。匡胤并不是掛搭龍興寺的客僧,因爲此句上有題記説:"靈州龍興寺講經沙門匡胤記",匡胤的身份是講經沙門,不可能是掛搭龍興寺的客僧。那麼誰是掛搭龍興寺的客僧呢?從本句即可知道,掛搭龍興寺的客僧是原宗堅,因爲他是來自朔方的僧人,故稱其爲"朔方釋"。"客派"同義連用,都是指"外來的""非本地的"。"客"強調其外來身份,"派"強調其派遣身份。

群 神

《百鳥名》:"山鵲觜紅得人愛,群神身獨處飛。"③《校注》:"原校:'句中應脱一字。'按:'群神'疑當讀作'君臣'。'群''君''神''臣'寫本中皆常見通用。《敦煌零拾》本《歡喜國王緣》:'神今歌舞有詞(何?)乖?王忽筵中淚落來。''神'亦當讀作'臣'(上海圖書館藏本正作'臣'字)。"④

按:"群神"費解。項楚1990年出版的《敦煌變文選注》説:"群神:應是鳥名,俟考。"⑤2006年出版的《敦煌變文選注》增訂本仍然説:"群神:應是鳥名,俟考。"⑥《校注》疑"神"當讀作"臣",是;疑"群"當讀作"君",則恐非。敦煌變文也有二字通用的例證,如《秋胡變文》:"朕聞有天有地,萬物生焉。君(群)臣助借,朕爲元首,作朕股肛(肱)。"⑦而《秋胡變文》上文説:"朕聞有天地已來,合得群臣助國。"⑧但是"群神"中的"群"字自通,并不是"君"的通假。"群神"就是指"群臣""群鳥"。從上下文來看,敦煌變文上文描寫了花没鴿、野鵲、黑鸝鴒,下文描寫了寒豪(號)鳥、青雀兒,都是用兩句進行描寫一種鳥類。那麼,描寫山鵲的也應該是兩句,幫助"身獨處飛"的主語是上句的"山鵲","山鵲"屬於百鳥群臣之一,故云"群臣"。從文題對應

---

① 黄征、張涌泉:《敦煌變文校注》,第814頁。
② 黄征、張涌泉:《敦煌變文校注》,第824頁。
③ 黄征、張涌泉:《敦煌變文校注》,第1208頁。
④ 黄征、張涌泉:《敦煌變文校注》,第1211頁。
⑤ 項楚:《敦煌變文選注》,第786頁。
⑥ 項楚:《敦煌變文選注》,第1031頁。
⑦ 黄征、張涌泉:《敦煌變文校注》,第234頁。
⑧ 黄征、張涌泉:《敦煌變文校注》,第233頁。

關係來看，"群臣"也與題目《百鳥名》的另一標題《君臣儀仗》形成對應關係。山鵲古稱鶯，狀如鵲而色深青，有文彩，彩嘴赤足，頭上有白冠，尾白而長，不能遠飛。《爾雅·釋鳥》："鶯，山鵲。"郭璞注："似鵲而有文彩，長尾，嘴腳赤。""獨處"即不與衆偶，文獻多見此義，如戰國楚宋玉《對楚王問》："夫聖人瑰意琦行，超然獨處。"《漢書·劉向傳》："君子獨處守正，不撓衆枉。"韓愈《韋公墓誌銘》："慊慊爲人，矯矯爲官……名聲之下，獨處爲難，辯而益明，仇者所歎。"根據此分析，句中"群臣"後面應脱"中"字，全句作"群神（臣）[中]身獨處飛"，意思是在群鳥衆臣中孤獨地飛。

蔭

《伍子胥變文》："川中忽遇一家，遂即叩門乞食。有一婦人出應，遠蔭弟聲，遙知是弟子胥。"①《校注》："'蔭'字丁卷同。按：'蔭'字《廣韻》又音於禁切，故疑爲'飲'之同音借字。《集韻》：'飲，一曰度聲曰飲。'《正字通》食部：'樂律有聲飲，以聲相轉而合也。'而'飲'又有'受'義，如'飲泣吞聲'，故此處'遠蔭弟聲'當即'遠飲弟聲'，'飲'表聽到之意。"②

按："蔭"字費解。項楚1990年出版的《敦煌變文選注》説："原文'蔭'疑當作'聽'。"③2006年出版的《敦煌變文選注》增訂本仍然説："原文'蔭'疑當作'聽'。"④都興宙説："'蔭'當作'陰'，變文二字可以通用。……而'陰'又是'暗'字同音相借。'暗'在唐代有'相應'義。"⑤王繼如説："疑'蔭'當讀'諳'，熟悉之意。據《廣韻》，諳，烏含切，影母覃韻；蔭，於禁切，影母沁韻。兩字聲母相同，韻母旁轉，可以通讀。正因爲熟悉其聲，所以遙知是弟。黃張所説，雖不改字，但要證'蔭'有'聽'義，頗爲牽強。"⑥我們認爲"遠蔭"與下句"遙知"對文，"蔭"應該與"知"一樣，都有"知道"義，不同的是"蔭"有估量、猜測的成分，"知"則屬於肯定。而且婦人是在伍子胥"叩門乞食"後，遠"蔭"，不可能是準確地知道爲其弟弟。而根據人的聲音就能大概判斷人的身份是很正常的。根據以上分析，《校注》疑"蔭"通"飲"，意思爲度聲，近是，但説"飲"表聽到意則欠妥。都興宙説"蔭"作"陰"，通"暗"，爲"相應"義，非。因爲如果"蔭"爲"相應"義，那麼"遠蔭弟聲"即爲遠相應弟聲，則與下文"遙知是弟子胥"無法連接。

---

① 黃征、張湧泉：《敦煌變文校注》，第4頁。
② 黃征、張湧泉：《敦煌變文校注》，第30頁。
③ 項楚：《敦煌變文選注》，第25頁。
④ 項楚：《敦煌變文選注》，第35頁。
⑤ 都興宙：《敦煌變文校勘辨補》，《青海師大學報》，1988年第3期。
⑥ 王繼如：《敦煌問學叢稿》，蘭州：甘肅文化出版社，1999年，第141頁。

綜上所述，"蔫"字是"根據聲音估量、猜知"的意思。

院　長

《捉季布傳文》："院長不須相恐嚇，僕且常（嘗）聞俗諺云。"[①]《校注》："變文中稱周氏爲院長，蓋爲敬稱。"[②]

按："院長"費解。《敦煌變文集》："《劍嘯閣批評西漢演義傳》卷七，謂：'布藏於咸陽周長家'，則周長之名似從周院長變化而來，然院長二字不似名。"[③]《敦煌變文集》説"院長不似名"，是；但説"周長之名似從周院長變化而來"，則非。項楚1990年出版的《敦煌變文選注》説："唐人對御史、拾遺、補闕、員外郎等稱'院長'，韓愈《寒食日出遊》自注：'外郎、拾遺相呼爲院長。'李肇《國史補》卷下：'外郎、御史、遺、補相呼爲院長。'趙璘《因話録》卷五：'監察使，同僚之冠也，謂院長。臺中敬長。三院皆有長。'此處'院長'當是用作對周氏的尊稱。"[④]2006年出版的《敦煌變文選注》增訂本同。[⑤]"院長"理解爲"對周氏的尊稱"也通順。不過，從上下文來看，我們認爲"院長"當指地方獄吏。敦煌變文中説："周氏身名緣在縣，每朝巾幘入公門。"根據該句，周氏應該是縣級地方長官的下屬，屬於地方獄吏。宋周密《武林舊事·遊手》："都轄一房，有都轄使臣總轄供申院長，以至廂巡地分頭項火下凡數千人，專以緝捕爲職。"《水滸傳》第三八回："便是吴學究所薦的江州兩院押牢節級戴院長戴宗。那時故宋時金陵一路節級，都稱呼'家長'；湖南一路節級，都稱呼做'院長'。"《警世通言·白娘子永鎮雷峰塔》："李將仕與書二封，一封與押司范院長，一封與吉利橋下開客店的王主人。"嚴敦易《校注》："這是對於管理刑獄的吏役們的尊稱。"

[①] 黃征、張涌泉：《敦煌變文校注》，第94頁。
[②] 黃征、張涌泉：《敦煌變文校注》，第110頁。
[③] 王重民等：《敦煌變文集》，北京：人民文學出版社，1957年，第76頁。
[④] 項楚：《敦煌變文選注》，第163頁。
[⑤] 項楚：《敦煌變文選注》，第213頁。

02

金石碑刻

漢石刻文字零識

單育辰[①]

【摘要】漢代石刻文字由於石材磨損，拓本不佳，字迹多有漶漫，另外漢代石刻中也存在一些特殊用字，而民間文人之作更加率意，不易通讀。漢碑的研究至今已有千年，但是仍有一些文字釋讀的問題沒有得到解決。我們在讀碑的過程中，對《攘盜刻石》《田魴畫像石墓題記》《魯峻碑》《鞏義七言摩崖題記》《元和四年刻石》五種漢碑中的一些文字進行了校訂。

【關鍵詞】漢石刻；文字；校訂

漢代石刻文字大都以隸書刻寫，用字比較規範，認別難度不大。不過由於石材磨損，拓本不佳，字迹多有漶漫，另外漢代石刻中也存在一些特殊用字，而民間文人之作更加率意，不易通讀。若從宋代算起，漢碑的研究至今已有千年，但是仍有一些文字釋讀的問題沒有得到解決。我們在讀碑的過程中，也略有所見，現條陳於下，還請大家批評。

一、《攘盜刻石》

身禮（體）手蚤（爪），父母所生，慎毋毀傷，天利之。

此語承自《孝經》："身體髮膚，受之父母，不敢毁傷，孝之始也。"宮衍興最早公布此刻石，釋其中"手蚤"爲"毛爸"，并疑"爸"爲"膚"字，[②]後來顧承銀等改釋"爸"爲"蚤"，[③]這是正確的，"蚤"古代常通"爪"。"蚤"上面的字作􀀀形，學者相承釋"毛"。按，銀雀山一簡343"毛"作􀀀、張家山《奏讞書》簡103"毛"作􀀀等形，與此并不相同，主要是"毛"一撇嚮右折，而此字一撇嚮左折，"毛"字并無如此寫法，它其實是"手"字，可參馬王堆帛書《五行》

---

* 本文是國家社會科學基金重大項目"出土兩漢器物銘文整理與研究"（16ZDA201）的階段性成果。
① 單育辰：吉林大學考古學院教授，從事古文字研究。
② 宮衍興：《濟寧全漢碑》，濟南：齊魯書社，1990年，第5-9頁。
③ 顧承銀、卓先勝、李登科：《山東金鄉魚山發現兩座漢墓》，《考古》，1995年第5期。

125

40 行"手"作🖐等。①"手爪"比"毛爪"從語感上看要怪異一些，但漢代許多民間刻石都是底層文人所刻，語句有所變异自是難免。

二、《田魴畫像石墓題記》

掾兮歸來無妄行，卒（猝）遭毒氣遇匄（匃）殃。

《榆林碑石》最初發表此刻石，相關字釋爲"卒遭"。②按，"卒"字之釋是正確的，但從文義上看，并不是說歸來後最終遭遇毒氣，而是說突然遭遇毒氣，所以"卒"應破讀爲"猝"。

三、《魯峻碑》

治魯詩兼通嚴氏春秋，博覽群書，無物不栞。學爲儒宗，行爲士表。

現出版之《魯峻碑》拓本多不清晰，此用故宫博物院珍藏歷代碑帖墨迹選本。③王念孫說："'博覽群書，無物不栞'，《隸釋》云：'以栞爲看。'《隸辨》云：'栞乃刊正之刊。'《兩漢金石記》云：'栞即刊字，猶筆削勘定之義。'念孫案，《廣雅》云：'栞，志、識也。'識即'多學而識之'之識。'博覽群書，無物不栞'即《曲禮》所謂'博聞強識'，非謂觀看，亦非謂刊正也。"④鄭業斆《獨笑齋金石文攷》第二集卷五："案甄古有栞音，故碑借栞爲甄。《楊震碑》'博學甄微'、《曹全碑》'甄極毖緯'，皆與此文意相近。又《綏民校尉熊君碑》'綜覽百家，無所不甄'，尤與碑文大同。《禹貢》'九山刊旅'，《開母闕》銘作'甄旅'，是其明證。"⑤鄭說比王說要好。不過因爲漢碑文字一般已經固定，把"栞"讀爲"研"要更直接些，"栞""研"二字皆從"开"得聲。《安平相孫根碑》（《隸釋》卷十）"誦詩習籍，研綜其真"、《幽州刺史朱龜碑》（《隸釋》卷十）"研綜典藝，實好斯文"、蔡邕《胡公碑》"研道知機，窮理盡性"，這些都是漢碑中"研"字的用例。與"博覽群書，無物不栞"相似之語可參《祝睦碑》（《隸釋》卷七）"潛心耽學，該洞七典。探頤窮神，無物不辯"、《祝睦後碑》（《隸釋》卷

---

① 後見伊强《山東金鄉魚山刻石文字補論》（濟南：出土文獻文本釋讀與文學研究學術研討會，2021 年 5 月）亦釋"毛"爲"手"。因小文 2018 年已成文，且於 2021 年 4 月把全文投於"首届簡牘學與出土文獻語言文字研究學術研討會"，故不廢此條，以與伊强所云相參見。
② 康蘭英主編：《榆林碑石》，西安：三秦出版社，2003 年，第 3、203 頁。
③ 故宫博物院《歷代碑帖墨迹選》編輯組：《宋拓司隸校尉魯峻碑》，北京：紫禁城出版社，1998 年。此拓本的來源參朱家溍《書北宋拓本〈魯峻碑〉後》，《中國歷史博物館館刊》，1984 年總第 6 期。
④〔清〕王念孫：《漢隸拾遺》，《讀書雜志》，南京：江蘇古籍出版社，1985 年，第 997 頁。
⑤ 鄭業斆：《獨笑齋金石文攷》，《石刻史料新編》第二輯，臺北：新文豐出版股份有限公司，1979 年，第 11782 頁。

七)"介然清皓,漸心於道。通神達明,無物不覽"。又,"研""甄"都有察究、考識之義,清華三《芮良夫毖》簡20"覺(研)憨(甄)嘉惟",正是"研""甄"二字互用。

四、《鞏義七言摩崖題記》

請説七言甚無惡,多負官錢石上作。掾史高遷二千石,掾史爲吏甚有寬。蘭臺令史於常侍,明月之珠玉璣珥,子孫萬代盡作吏。

這是目前所見的早期七言詩。自傅永魁著録此刻石并釋前句爲"詩説七言甚無忘",①後多承之。②如《漢碑全集》《漢魏六朝碑刻校注》皆承此釋把它題名爲《鞏義詩説七言摩崖題記》。③不過此刻石第一句是有兩個誤釋的。《漢碑全集》收録此石拓片很清楚,第一字作■形,參《華山廟碑》"請"字作■、北大漢簡一《老子》簡177"請"字作■等,明顯是"請"而非"詩";第七字作■形,是"惡"而非"忘"字,可參《石門頌》"惡"字作■、額濟納簡99ES18SH1:2■等。據馬健中言,施蟄存早在20世紀70年代即已釋出"惡"字,但可惜此説一直没有公開,學者未能采用。④"請説七言甚無惡"是説請讓我誦讀七言之詩,希望不要惹人厭惡。

五、《元和四年刻石》

孔子爭禮,大子爭神,子路屈元(原)有武毋文,致其死時頭頸別分。

"爭"字凡兩見,作"■""■"形,陸明君釋爲"事",⑤并舉"事"字有訛作"■"形爲證(出自《隸辨》卷四引《戚伯著碑》),⑥《戚伯著碑》原碑原拓已無存,現所見爲翻刻本,中華書局影印洪氏晦木齋本《隸釋》卷十二《戚伯著碑》作"■"形,⑦最上出頭,其下"口"形左右兩豎筆嚮上延伸,可參《子游殘碑》"事"作■、肩水金關一73EJT8:8"事"作■,它很明顯是"事"

---

① 傅永魁:《河南鞏縣石窟的新發現》,《考古》,1977年第4期。
② 如鄭州市地方史志編纂委員會《鄭州市志》第7分册(鄭州:中州古籍出版社,1998年,第253頁)、曾曉梅《七言詩溯源——最早的完整七言詩的新證據》(《阿壩師範高等專科學校學報》,2007年第3期)等。
③ 徐玉立主編:《漢碑全集》第六册,鄭州:河南美術出版社,2006年,第2218-2223頁;毛遠明:《漢魏六朝碑刻校注》第一册,北京:綫裝書局,2008年,第188-189頁。
④ 馬健中:《〈鞏縣詩説七言漢摩崖題記〉考》,《中國書法》,2015年第7期。
⑤ 陸明君:《元和四年刻石》,《中國書法》,2010年第4期。
⑥〔清〕顧藹吉:《隸辨》,北京:中華書局(影印康熙五十七年項絪玉淵堂本),2003年,第126頁。不過近年在四川新發現的《李君碑》碑陰"事"作■形,與《隸辨》所引之形較類。
⑦〔宋〕洪適:《隸釋·隸續》,北京:中華書局,2012年,第141頁。

的誤刻，與陸明君所引者字形尚不一致。"■"與漢代文字中的"争"更爲相近，可參《禮器碑》"争"作■、銀雀山一簡 108"争"作■、北大漢簡《老子》簡 83"争"作■等，但"日"上有一小撇而已，漢隸中"白"形與"日"形常混用，所以"■"無疑是"争"字。"孔子争禮，大子争神"是説孔子所争者爲禮，大子所争者爲神，下文"子路屈元（原）有武毋文，致其死時頭頸别分"，正因數路、屈原有所争，所以致其死，如果釋爲"孔子事禮，大子事神"，則文義無所相承。①

---

① 陳斯鵬也説："'孔子事禮'却有些費解，如果'事'當'從事於'講，又與下句'事神'不相類。……文理實在不太通。"見陳斯鵬《巴東縣張家墳墓群 M1"元和四年刻石"考釋》，《考古》，2011 年第 6 期；又見氏著《卓廬古文字學叢稿》，上海：中西書局，2018 年。

西周時期"朋友""友"詞義及其政治職能研究

買夢瀟①

【摘要】先秦流傳下來的文獻中已經有許多"朋友""友"的用例,足見古人對這一社會關係的重視。現代學者在研究西周金文中的"朋友""友"時,對其詞義尚有較大分歧。因此本文擬結合傳世先秦文獻與出土文獻,繼續探討西周時期"朋友""友"的詞義。

【關鍵詞】朋友;友;政治職能

一、學者對兩周"朋友""友"詞義的研究

清代學者已注意到了周代文獻中"朋友""友"在詞義上的差別,如王引之在《經義述聞》中對先秦儒家文獻中"朋友"的含義做過分類彙總研究。此後,在出土的西周金文中也出現了名目繁多的"友",現代學者在研究金文中這一詞彙時產生了兩種相反的意見。

朱鳳瀚在《商周家族形態研究》一書中對兩周金文中多次出現的"友""朋友"進行了研究,并認爲:"其實即使在東周文獻中,'朋友'一詞有時仍用來指稱本家族的親屬,……兄弟是同胞兄弟,則'朋友'亦衹能是指稱親兄弟以外的族兄弟,亦即從父及從祖兄弟等,西周器銘未見朋友、兄弟并稱者,當是親兄弟亦包含在朋友中。"②如果把朱鳳瀚的觀點歸納起來就是西周時期的"朋友"是親兄弟與同族兄弟的同義詞,而東周時期的"朋友"則是排除親兄弟之外的同族兄弟。這一觀點提出之後,得到了部分學者的認同,如陳英傑③、何景成④等。

林澐在《季姬方尊銘文試釋》一文中對朱鳳瀚觀點提出了批評,并認爲朱鳳瀚"是把商周時代血親關係在社會上的作用過分誇大了。"此後林澐在《商史三題》一書中再次申述了他的觀點:"在古代,人們以血親關係作爲立於社會的基本依賴。而要維護不同家族之間的聯繫,一是靠婚姻,二是靠朋友。……我在《季

---

① 買夢瀟:甘肅簡牘博物館助理館員,出土文獻與先秦史。
② 朱鳳瀚:《商周家族形態研究》,天津:天津古籍出版社,2004年,第292-297頁。
③ 陳英傑:《西周金文作器用途銘辭研究》,北京:線裝書局,2009年,第440-442頁。
④ 何景成:《西周王朝政府的行政組織與運行機制》,北京:光明日報出版社,2013年。

姬方尊銘文試釋》一文中……説明朱鳳瀚認爲"朋友"的原始義是指同胞兄弟、從兄弟或同族子弟的親屬稱謂，是把商周時代血親關係在社會上的作用過分誇大了。"[1]

由此可見，以朱鳳瀚爲代表的學者認爲金文中的"友""朋友"指血緣親族内部的兄弟關係，以林澐爲代表的學者則認爲金文中的詞義與現代意義上的"朋友"詞義無别。由於學者們研究視角大多限於出土金文文獻，對傳世先秦文獻重視不足，因此筆者擬從兩方面入手，以期對西周時期"朋友""友"的詞義與其政治職能有較爲清晰的認識。

二、西周時期"友""朋友"詞義考辨及其政治職能

西周時期"友""朋友"的詞義的考察，我們選取了《毛詩》《尚書》兩部文獻及22篇西周金文進行研究。

（一）《毛詩》中所見"友""朋友"詞義考辨

該詞在《毛詩》中集中出現於《大雅》和《小雅》中，我們所選擇的11首詩年代，若比照《毛詩序》所述詩旨，這些詩創作年代均集中在西周末期，最晚不會超過"周室東遷"。可以肯定的是《毛詩》中已經包含了該詞的兩種詞義。

現列如下：

（1）亦云可使，怨及朋友。（《小雅・節南山之什・雨無正》）[2]
（2）朋友攸攝，攝以威儀。（《大雅・生民之什・既醉》）[3]
（3）嗟爾朋友，予豈不知而作。（《大雅・蕩之什・桑柔》）[4]
（4）惠於朋友，庶民小子。（《大雅・蕩之什・抑》）[5]
（5）雖有兄弟，不如友生？（《小雅・鹿鳴之什・常棣》）[6]
（6）相彼鳥矣，猶求友聲。矧伊人矣，不求友生？（《小雅・鹿鳴之什・伐木》）[7]
（7）侯誰在矣？張仲孝友。（《小雅・南有嘉魚之什・六月》）[8]
（8）儦儦俟俟，或群或友。（《小雅・南有嘉魚之什・吉日》）[9]

---

[1] 林澐：《商史三題》，臺北："中央研究院歷史語言研究所"，2017年，第70-71頁。
[2] 〔唐〕孔穎達正義：《毛詩正義》，北京：北京大學出版社，1999年，第735頁。
[3] 《毛詩正義》，第1093頁。
[4] 《毛詩正義》，第1186頁。
[5] 《毛詩正義》，第1168頁。
[6] 《毛詩正義》，第572頁。
[7] 《毛詩正義》，第577頁。
[8] 《毛詩正義》，第640頁。
[9] 《毛詩正義》，第658頁。

（9）嗟我兄弟，邦人諸友。……我友敬矣，讒言其興。（《小雅·鴻雁之什·沔水》）①

（10）我不敢效我友自逸。（《小雅·節南山之什·十月之交》）②

（11）維此王季，因心則友。則友其兄，則篤其慶，載錫之光。（《大雅·文王之什·皇矣》）③

從上引的 11 篇詩歌中我們可以把"友""朋友"詞義劃分爲 5 類。

① 詩歌中與現代漢語"朋友"義相同者，（1）（3）（5）（6）（10）。
② 義爲"群臣同志好者"，（2）。
③ 義爲"諸侯及卿大夫等"，（4）（9）。
④ 義爲"善兄弟曰友"，（7）（11）。
⑤ 義爲"二曰友"，（8）。

若我們依據《説文》"友，同志好者"的界定，可以將①②③類歸併爲一個詞義。該類實際上與現代漢語中的"朋友""友"的詞義相同。第④類解釋"朋友""友"的詞義爲"善兄弟曰友"，核諸詩文可知，這一解釋是在講兄弟之間相互友愛的和諧關係，可以稱之爲"友"。第⑤類的"二曰友"是對"友"從交往關係層面的界定，兩個人或者兩個動物均可稱爲"友"，強調了"友"這一關係的雙向性，該義對我們所探討"朋友""友"意義不大。因此，《詩經》中的"朋友""友"的含義就剩下前述的兩種詞義。

詩文第（5）例《詩序》言："《常棣》，燕兄弟也。"《國語·周語》引此詩以爲"周公之詩"，《左傳·僖二十四年》以爲"召穆公所作"。兩書所述時代雖有歧義，但該詩作於西周時期當無疑義。該詩第三、四、五句均以兄弟與朋友對文，"脊令在原，兄弟急難。每有良朋，況也永歎。兄弟鬩於牆，外禦其務。每有良朋，烝也無戎。喪亂既平，既安且寧。雖有兄弟，不如友生。"詩文第（9）例《詩序》言："規宣王也"。《朱傳》言："此憂亂之詩。"該詩中"嗟我兄弟，邦人諸友"一句，亦以兄弟和諸友對文，由此可見，《毛詩》中很明顯的表明西周時期的"友""朋友"與"兄弟"是截然不同的社會關係，再結合《毛傳》等古注對①②③類的訓釋更能夠確定"友""朋友"就是指現代漢語意義上的"朋友"。

最後需要談到的是，《毛詩》中的"朋友""友"可以做"同志好者"的例子占絕對多數，這一現象或許也能從側面反映出"友""朋友"并非指血緣親族内部的兄弟關係。

---

① 《毛詩正義》，第 667 頁。
② 《毛詩正義》，第 729 頁。
③ 《毛詩正義》，第 1024 頁。

（二）《尚書》中所見 "友" "朋友" 詞義考辨

《尚書》中未有 "朋友" 用例，出現 "友" 的用例有 4 條，集中在《大誥》《康誥》《召誥》中，這三篇均爲西周初年的文獻。我們祇選擇《尚書》中能够準確確定的詞義來對 "友" 的古義進行界定。

（1）肆予告我友邦君越尹氏、庶士、禦事。（《周書·大誥》）①
（2）王曰："若兄考，乃有友伐厥子，民養其勸弗救？"（《周書·大誥》）②
（3）王曰："封，元惡大憝，矧惟不孝不友。子弗祗服厥父事，大傷厥考心；於父不能字厥子，乃疾厥子。於弟弗念天顯，乃弗克恭厥兄；兄亦不念鞠子哀，大不友於弟。"（《周書·康誥》）③
（4）拜手稽首，曰："予小臣敢以王之仇民、百君子越友民保受王威命明德。"（《周書·召誥》）④

上列引文分析如下：

（1）中的 "友" 孔《傳》和《正義》均理解作 "友好的"。《尚書校釋議論》解作 "有"。⑤（2）中的 "友" 孔《傳》和《正義》均理解作現代漢語義 "朋友"。《尚書集釋》《尚書校釋議論》《尚書文字校詁》等書引《莽誥》作 "效"，認爲此處的 "友" 是 "交" 的訛字，這一意見可從。⑥（3）中的 "不孝不友" 與《小雅·南有嘉魚之什·六月》 "張仲孝友"、曆方鼎 "孝友唯型" 相同，均是在講周人所重視的 "孝友" 德行。從（3） "不孝不友" 後面成王談到父子關係與兄弟關係來看，這裏的 "友" 解作古注中 "善兄弟曰友" 是合適的。（4）中的 "友"，《尚書集釋》《尚書古注便讀》理解爲 "同志好者"， "友民" 在此指稱周民。⑦《尚書孔傳參證》解作 "有"。⑧

綜上可見，《周書》中（2）例是訛字，不做討論。其餘的三例中，（1）（4）兩例的爭議相同，注家產生出 "同志好者" 與 "有" 的兩種解釋。我們認爲（1）中 "肆予告我友邦君越尹氏" 與史頌鼎（共和時期）中 "友裡君、百姓"⑨的用例相同，當可解作 "友好的" 這一意涵。（4）例中 "越友民" 的 "越" 爲語詞，故而 "友" 不應再做語詞講，因此王先謙所言當誤。這一例中的 "友" 應從《尚

---

① 〔唐〕孔穎達正義：《尚書正義》，上海：上海古籍出版社，2011年，第510頁。
② 《尚書正義》，第516頁。
③ 《尚書正義》，第540頁。
④ 《尚書正義》，第589頁。
⑤ 劉起釪：《尚書校釋議論》，北京：中華書局，2005年，第1270頁。
⑥ 屈萬里：《尚書集釋》，上海：中西書局，2014年，第142頁；劉起釪：《尚書校釋議論》，第1278頁；臧克和：《尚書文字校詁》，上海：上海教育出版社，1999年，第301頁。
⑦ 屈萬里：《尚書集釋》，第182頁。
⑧ 轉引自劉起釪《尚書校釋議論》，第1444頁。
⑨ 張桂光主編：《商周金文摹釋總集（全八冊）》第二冊，北京：中華書局，2010年，第420頁。

書集釋》《尚書古注便讀》理解爲"同志好者","友民"在此指稱周民。(3) 例中的"不孝不友",從後文分別強調父子關係與兄弟關係來看,可以確定"友"的德行在西周初期就已經用來指稱兄弟關係的友好與和睦了。

從《周書》所反映出的内容來看,西周初期的"友"已經爲"同志好者"的詞義,換言之,傳世的西周早期文獻中的"友"與現代漢語意義上的"朋友""友"没有顯著區别。此外,"善兄弟曰友"的意涵雖也可以追溯到西周早期,但這一訓詁也僅是在描述兄弟之間相互和諧友愛的狀態,并不能以此推導出"友""朋友"指血緣親族内部的兄弟。

(三)西周金文文獻所見"朋友""友"詞義考辨及其政治職能

本文所涉西周金文從斷代爲殷商或西周早期"辛鼎"至西周宣王時期的"毛公鼎",計西周金文22篇。其中含"朋友"一詞者9例,分別是(2)(9)(10)(15)(16)(17)(18)(19)(20);稱"多友"者有3例,分別是(1)(8)(11);稱"乃友"者有2例(3)(13);稱"厥友"者有兩例分別爲(5)(12);稱"我友""多寮友""孝友""友""友正""其友"者各一例,分別爲(4)(6)(7)(14)(21)(22)。筆者對銘文中疑難字在能力所及範圍内均做了辨析,在文字辨析之後筆者均對該則銘文中"友"或"朋友"的内涵進行了討論。

現將銘文排列如下:

(1)厥家雍德髮,用穀厥剶多友,多友賚辛,萬年唯仁。① 辛鼎(02660)

此鼎《集成》斷代爲"殷商或者西周早期",朱鳳瀚從字體與遣辭方面認爲"該鼎年代約屬於西周中期。"②辛鼎中"厥家雍德髮",陳英傑以爲:"'雍'與'髮'可能意義相近。懷疑此字乃'虞'之初文,讀爲'娛'"。③"用"後一字陳夢家認爲通"穀",有饗食之義。④(《斷代》士上盉)"剶"字于省吾認爲即"朋儕"之義。"賚"字,朱鳳瀚認爲即《説文》中的"賚,家福也"。但此處的"賚"實爲動詞不做名詞,因此我們認爲這裏的"賚"字不能讀爲"賚",而是作爲給予、贈予之義的"賚"。《尚書·湯誓》:"予其大賚汝。"孔傳:"賚,與也。"《爾雅·釋詁上》:"賚,賜也。"⑤

---

① 中國社會科學考古研究所編:《殷周金文集成》(修訂增補本),北京:中華書局,2007年,第1353頁。
② 朱鳳瀚:《商周家族形態研究》,第292頁。
③ 陳英傑:《西周金文作器用途銘辭研究》,第440-442頁。
④ 陳夢家:《西周銅器斷代》,北京:中華書局,2004年,第41頁。
⑤〔唐〕孔穎達正義:《尚書正義·商書·湯誓》,第285頁。

（2）朝夕饗多倗友。① 先獸鼎（02655）

《集成》斷爲西周早期。

（3）乃令曰：今我唯令汝二人亢眔矢。尚左右於乃寮以乃友事② 矢令方尊（06016）

矢令方尊，《銘文選》稱爲作册令方彝，斷代爲西周昭王器。銘中"眔"字金文多見，義爲"及""和"。"尚"字金文中多用爲"常"的借字，可訓爲"常規""典常"等義。③

（4）龕父作▨寶鼎，征（延、誕）令曰：有汝多兄（貺），毋有▨汝，唯汝率我友以事。④ 龕父鼎（02671）

此鼎《集成》斷代爲西周早期。陳英傑認爲"毋有▨汝"一句中"▨"與"毋"一句，因此"▨"應該是一個具有負面含義的詞，讀爲"蔑"，訓爲不安。⑤

（5）唯三月丁卯，師旂眾僕不從王征於方雷。使厥友弘以告於伯懋父，才莽。⑥ 師旂鼎（02809）

此鼎《集成》斷代在西周早期或中期。《銘文選》斷代在康王或昭王時期。

（6）麥賜赤金，用作鼎，用從邢侯征事，用饗多▨友。⑦ 麥方鼎（02706）

此鼎《集成》斷代西周早期，《銘文選》斷代爲康王時期。"▨"字，《銘文選》將其歸爲未識字，一說當是者字別構，讀爲諸。此字陳英傑認爲釋"者"讀爲"諸"。"者字《金文編》隸於附錄下551號，云'疑者字，從土，義如諸'，嚴志斌《四版校補》釋爲'堵'；《集成釋文》釋爲'朋'，明顯非是；張亞初釋爲'燎'讀'寮'。按此字與附錄下261號散盤所從當相同，彼字張亞初、吳鎮烽《通鑒》14468則釋爲'楮'；《集成釋文》釋'柾'非是。"⑧謹按，此"▨"字下部似是"寮"字初文中"木"旁下部變形所致。西周金文中的"者"字上承商代金文下部均作"口"形，如"▨""▨"等。因此，我們認爲修訂版《集成》釋文將該字定爲"寮"讀"寮"是有道理的。

（7）曆肇對元德，孝友唯型，作寶尊彝，其用夙夕▨享。⑨ 曆方鼎（02614）

---

① 《殷周金文集成》（修訂增補本），第1350頁。
② 《殷周金文集成》（修訂增補本），第3705頁。
③ 上海博物館商周青銅器銘文選編寫組：《商周青銅器銘文選》，北京：文物出版社，1988年，第67頁。
④ 《殷周金文集成》（修訂增補本），第1360頁。
⑤ 陳英傑：《西周金文作器用途銘辭研究》，第564頁。
⑥ 《殷周金文集成》（修訂增補本），第1478頁。
⑦ 《殷周金文集成》（修訂增補本），第1386頁。
⑧ 陳英傑：《西周金文作器用途銘辭研究》，第343頁。
⑨ 《殷周金文集成》（修訂增補本），第1322頁。

該鼎《集成》斷代在西周早期,《銘文選》斷代在西周中期。

（8）王賜命鹿，用作寶彝，命其永與多友殷飲。① 命殷（04112）

（9）用作寶鼎，用饗朋友。② 七年趞曹鼎（02783）

（10）乃用饗王出入使人，眔多倗友，子孫永寶。③ 衛鼎（02733）

（11）萬諆作茲鰰，用享再尹人配，用𩰳衍（侃）多友，其鼎此𣂏祼，用寧室人、𠃬人，萬年寶。用作念於多友。④ 萬諆鰰（06515）

《集成》斷代在西周中期。

（12）唯十又五年，三月既霸丁亥，王在𤔲振宮，大以厥友守。王饗醴，王乎膳夫駛召大，以厥友入捍，……。⑤ 大鼎（己白鼎）（02808）

大鼎,《集成》斷代爲西周中期。銘文中"捍"字，《金文形義通釋》："早期金文作'幹'，護衛，遮擋乃幹盾義之引申，故增加'攵'以別於名詞幹盾。典籍作'扞'若'捍'。《荀子·議兵》：'若手臂之扞頭目而覆胸腹也。'《書·文侯之命》：'汝多修，扞我於艱。'"⑥

（13）王命君夫曰：讀求乃友……⑦ 君夫殷蓋（04178）

君夫簋，《集成》斷代在西周中期。"讀"字，《銘文選》讀爲"睦"，《釋名·釋書契》："牘，睦也。手執之以進見所以爲恭睦也。""求"字，讀如"逑"。《詩·周南·關雎》："君子好逑"，毛《傳》："逑，匹也。"⑧

（14）王乎作冊尹冊命師晨：疋師俗司邑人，唯小臣、膳夫、守、[友]、官、犬、眔甸人。膳夫、官、守、友，賜赤舄，晨拜頴首，敢對揚天子丕顯休命。⑨ 師晨鼎（02817）

師晨鼎，《集成》斷代在西周中期，《銘文選》斷代在西周孝王時期。

（15）仲師父其用侑，眔臺倗友酤。⑩ 仲師父壺（09672）

---

① 《殷周金文集成》（修訂增補本），第2283頁。
② 《殷周金文集成》（修訂增補本），第1450頁。
⑪ 《殷周金文集成》（修訂增補本），第1405頁。
③ 《殷周金文集成》（修訂增補本），第1405頁。
④ 《殷周金文集成》（修訂增補本），第3864頁。
⑤ 《殷周金文集成》（修訂增補本），第1477頁。
⑥ 張世超等編：《金文形義通解》，第732頁。
⑦ 《殷周金文集成》（修訂增補本），第2370頁。
⑧ 《商周青銅器銘文選》，第235頁。
⑨ 《殷周金文集成》（修訂增補本），第1486頁。
⑩ 《殷周金文集成》（修訂增補本），第5063頁。

（16）用侃喜百姓、倗友、眾子婦。① 弔妣殷（04137）
（17）伯康作寶殷，用饗倗友。用饋皇父、皇母，施施受茲永命。② 伯康殷（04160）
（18）其用享孝於皇神、祖考、於好倗友。③ 杜伯盨（04448）
（19）用好宗廟，享夙夕，好倗友雩百諸婚媾。④ 𢐗伯歸夆殷（羌伯殷）（04331）
（20）唯用獻於師尹、倗友、婚媾⑤ 善夫克盨（04465）
（21）善效乃友正，毋敢湎於酒。⑥ 毛公鼎（02841）

毛公鼎，宣王器。鼎銘中王告誡毛公的話語中"善效乃友正"一語。"友正"一詞與叔良父匜"大正"，散盤"史正"相類，"正"應如《爾雅·釋詁》："正、伯，長也。"⑦覓

（22）遣小子𩆜與其友，作䚄男，王姬蹲彝。⑧ 遣小子𩆜殷（03848）

遣小子𩆜殷，《集成》將此器斷爲西周晚期。陳英傑認爲集成釋文斷句有誤，應斷爲：遣小子𩆜與其友，作䚄男王姬蹲彝。"䚄男王"是他國稱王者，"'䚄男王姬'跟吳王姬鼎（2600西晚）之作器者'吳王姬'、王作䫉王姬鬲（584西晚）之'䫉王姬'、遣叔吉父盨（4416-4418西中）之'虢王姞'等文例相同，當是女子'夫家國+配偶身份+姓'的稱名方式。"⑨

從西周時期金文中我們可以得到以下幾點認識：

第一：西周時期的"友""朋友"這一群體在當時廣受貴族的重視，如（1）（2）（8）（9）（10）（11）（15）（16）（17）（18）（19）（20）。以宴饗朋友爲目的的銘辭涵蓋了整個西周時期，到西周晚期的金文中，受到宴饗和祈福的物件似乎變得程式化，在這些銘辭中"友""朋友"一般居於第二位或第三位，足見做器者對這一群體的重視程度。此外（22）例中的"友"還參與到了做器的活動中，與𩆜一道爲䚄男王姬做器。

仲師父壺	倗友				
弔妣殷	百姓	倗友	子婦		
伯康殷	倗友	皇父、皇母	永命、無疆		
杜伯盨	皇神	祖考	好倗友	永命	
𢐗伯歸夆殷	朕皇考	宗廟	好倗友	婚媾	純祿、永命

---

① 《殷周金文集成》（修訂增補本），第2312頁。
② 《殷周金文集成》（修訂增補本），第2343頁。
③ 《殷周金文集成》（修訂增補本），第2841頁。
④ 《殷周金文集成》（修訂增補本），第2718頁。
⑤ 《殷周金文集成》（修訂增補本），第2868頁。
⑥ 《殷周金文集成》（修訂增補本），第1534頁。
⑦〔晉〕郭璞注、〔宋〕邢昺疏：《爾雅注疏·卷第二釋詁下》，北京：北京大學出版社，2000年，第54頁。
⑧ 《殷周金文集成》（修訂增補本），第2056頁。
⑨ 陳英傑：《西周金文作器用途銘辭研究》，第235頁。

| 善夫克盨 | 師尹 | 倗友 | 婚媾 | 皇祖考 | 眉壽、永命 |

西周後期金文所見被饗宴、祈福物件統計

第二：西周金文所反映出的西周時期的"朋友""友"這一群體廣泛參與到西周國家的政治運行中，這一群體不僅可以從事征伐，充任守衛王宮的武士，還可以擔任管理邑的民政官員。除此之外在西周晚期的毛公鼎中可以看出這一群體還有監管他們的職官即"友正"。需要說明的是，他們的使職似乎與他們所跟從的物件有着密切的關係，由此決定了這一群體所從事活動的多樣性。正如下文銘文（13）可知西周時期的"朋友""友"這一群體不宜理解爲血緣親族內部的兄弟關係，這一群體在實際政治中所體現出多樣性也是兄弟關係所無法涵蓋的。

銘文（3）中，明公對亢和矢命令說："現在我命你們兩人時常在左右幫助你們的寮和友。"銘文此處的"寮""友"并稱，與麥方鼎（用饗多寮友）、師晨鼎（唯小臣、膳夫、守、[友]、官、犬、衆甸人）諸官并稱相似，因此可以推測西周金文中的"友"似乎也是一種官，而且從銘文來看作爲"友"的這些官數量并不少，他們可以跟隨着他們的上級去處理一些政務事。

銘文（5）中的"僕"字，《銘文選》認爲是屬於師旂的家內奴隸，徵調奴隸作爲兵員，史籍很少見。[1]該字似可與逆鐘銘"用僕於公室"和《左傳・昭公七年》："人有十等，下所以事上，上所以共神也。故王臣公，公臣大夫，大夫臣士，士臣皁，皁臣輿，輿臣隸，隸臣僚，僚臣僕，僕臣臺，馬有圉，牛有牧，以待百事。"[2]合觀。這一則銘文中事件起因於"師旂衆僕不從王征於方"一事，此後，雷就遣使他的友弘將這件事告知了伯懋父，伯懋父對師旂進行了處罰。事件之後，弘將伯懋父的處罰以及後來的令告於中史，讓中史進行記錄。

從師旂鼎銘文來看，第一、鼎銘的"友"更像林澐在討論花東子卜辭"麦友邵"時所講的"邵是子麦的友，友在商代是一種特殊的社會關係"[3]。鼎銘中的"雷"可以"使"他的友"弘"去做事，可以推測"友弘"在某種程度上是從屬於"雷"。而且在西周的金文中均會在銘文中準確指明"友"的所屬關係，比如"我友""厥友"等特定的稱呼。第二、從鼎銘中還可以看到"友"廣泛參與到了西周國家的政務體系當中。另外，從"友弘"可以遊走在"伯懋父"和"中史"等權勢人物的身邊，也可以推測出"友"在西周時期擁有較高的政治地位。

銘文（6）中的"麥"被"邢侯"賞賜了赤金之後，"麥"做了這件鼎，并且做器者"麥"把"用饗多寮友"與"用從邢侯征事"并列，可以看出"麥"對他"寮友"的重視。此處的"寮友"似不能簡單地比附爲後世的"同僚爲官者"，

---

[1] 上海博物館商周青銅器銘文選編寫組：《商周青銅器銘文選》，第60頁。
[2] 《左傳》，北京：北京大學出版社，1999年，第1237頁。
[3] 林澐：《商史三題》，第70頁。

但可以肯定的是跟從"麥"進行征伐的武裝力量最基本的單元。何景成認爲:"西周時期的'僚'與'友'的含義不同,'僚'的地位要高於'友'。'僚'是擔任副職、負責輔佐正職的官員,而'友'是指一般的屬吏,這類屬吏在西周時期主要是由同族兄弟充任。西周王朝政府的某些部門,可能已經形成了主官、副職和屬吏的三層科層結構。"①何景成認爲"僚"與"友"存在着上下級關係,那麼麥方鼎中的"多僚友"就應該被解作"多僚""多友",但是這一觀點似乎推測成分過多,從鼎銘來看若"僚"與"友"是兩類不同的稱謂,則鼎銘應爲"用饗多寮、多友"而不用該是"用饗多寮友"。因此我們認爲麥方鼎中的"多寮友"應連讀,從中看不出上下級關係,也無法推測這裏的"寮友"與"麥"之間的血緣親族關係。

銘文(12)中的"大"應該是屬於武職的軍事長官,其職務是守衛王所在的宮殿,類似於《周禮》中由"掌王宮之戒令、糾禁"的宮正。②"大"率領他的"友"們組成的衛隊護衛着王所在的䵼醴宮,另外在王饗醴過程中,王呼膳夫騅召大,并且以"大"的友們作爲王的護衛隊,足見王對"大"的信任。此外,西周中期膳夫在實際政治運行過程中扮演着重要的角色,從側面可以證明這裏的"大"以及他的友們地位也應該很高。

銘文(13)中王命令君夫恭睦的求匹你的友,揭示出西周時期貴族對"友"的選擇并不是個人行爲,以王命形式發出的"儥求乃友"似乎在告訴我們西周時期的"求友"更像是貴族積攢政治資源的手段。這也從側面反映出,貴族選擇"友"的指標在於政治上的互利關係以及"友"與自己在政治上的親近關係,由此可見單純倚靠血親關係是不能被稱之"友"的。

銘文(14)中的友與小臣、膳夫、守、官、犬、甸人并列,一同掌管着師俗的邑,可見友在邑中是具有實際的職務的。

銘文(21)中"友正"應該是管理宗族内衆友的長官,也可知這裏的毛伯家族的"友正"另有其人。

第三:西周金文中亦可見貴族所需要具備的"孝友"品德,見銘文(7)例中"孝友唯型"一語。

三、結 論

首先西周時期"朋友""友"的詞義一定不包括家族内部的親兄弟。清華簡《耆夜》篇武王酬畢公的《樂樂旨酒》中"愔仁兄弟,庶民和同"③一句,此處"兄

---

① 何景成:《論西周王朝政府的僚友組織》,《南開學報》(哲學社會科學版),2008年第6期。
② 《周禮注疏》,第71頁。
③ 李學勤等著:《出土簡帛與古史再建》,北京:經濟科學出版社,2017年,第20頁。

弟"指武王與畢公，二人皆爲文王子，由此可見"兄弟"當指稱親兄弟。進而《詩經》"雖有兄弟，不如友生？""嗟我兄弟，邦人諸友"。二句中"兄弟"與"朋友"并稱，因此可確定兩周金文中的"朋友""友"一定不包含家族内部的親兄弟。其次，西周金文中的"朋友""友"不包含家族内部族兄弟，因爲東周金文"王孫遺者鐘"中并列"父兄"與"朋友"，其中"父兄"應爲同族内的諸父諸兄，因此銘文中的"朋友"也應與家族内部族兄弟無關。再次，從"邦人諸友"一句可見西周時期的"朋友""友"確定包括着没有血緣關係，僅僅是相互交好的人群，這也就是現代漢語意義上"朋友"的詞義。最後，西周文獻中的"孝友"是周人重視的德行，其中的"友"所表達的是兄弟之間相互友善和諧的狀態，并不能作爲支援朱鳳瀚觀點的例證。

　　西周時期"朋友""友"的政治職能。西周貴族的擇"友"可能更多是站在政治利己的立場上，選擇着與自己具有共同政治利益的"友"。西周金文所反映出的西周時期的"朋友""友"這一群體廣泛參與到西周國家的政治運行中，這一群體不僅可以從事征伐，充任守衛王宫的武士，還可以擔任管理邑的民政官員。除此之外在西周晚期的毛公鼎中可以看出這一群體還有監管他們的職官即"友正"。"朋友""友"這一群體的使職與他們所跟從的物件有着密切的關係，由此決定了這一群體所從事活動的多樣性。因此，西周時期的"朋友""友"這一群體不宜理解爲血緣親族内部的兄弟關係，這一群體在實際政治中所體現出多樣性也是兄弟關係所無法涵蓋的。

遼寧朝陽遼代楊公墓志考

馬文濤[1]　劉　超[2]

【摘要】2019年朝陽博物館接收了朝陽文保分局移交的遼代楊公墓志一合。墓主人雖然官階較低，但是墓志中涉及人物關係與遼代官職較多，可補《遼史》在遼代官員和官職體系設置等方面的記載缺失。此墓志已有學者初做研究，本文在此基礎上擬從墓志簡介補充與志文校對、楊氏族源、楊公世系與家族、楊公家族成員的官職、白川州更名時間的限定和推測、墓志中反映的楊公思想、對弘農楊氏族譜的補充等方面對此墓志加以考釋。

【關鍵字】遼代；楊從顯；墓志；官職

楊公墓志爲"11·26遼寧特大盜墓案"中的收繳文物之一。此合墓志是2016年公安機關在北票一農戶家中發現。經盜墓分子指認，其出土於朝陽北票南八家白川州遺址附近。專家鑒定爲國家一級文物。2019年移交朝陽博物館收藏。《遼寧北票市發現遼代楊從顯墓志》[3]（後簡稱《北顯》）對此合墓志已初做研究。《十件遼代漢字墓志銘錄文》[4]（後簡稱《十文》）收錄此合墓志志文，并在《北顯》基礎上對志文進行了校對和句讀。此合墓志雖然字迹娟秀瑰麗、小巧整齊，但是刀功力度不足，刻字薄淺，部分字迹漫漶不清，識別困難。再加上拓片字口力度、均勻度等不同，致使上述兩篇文章在翻譯内容上與我館存在出入。下面根據《十文》以及《北顯》的楊公志文與現有拓片進行比對，并對《北顯》中部分内容加以補充和重新考釋。

一、墓志簡介補充與志文校對

（一）墓志簡介補充

《北顯》已對墓志做了基本的介紹，現補充如下信息：志蓋長63厘米、寬62

---

[1] 馬文濤，朝陽博物館中級館員，研究方向是文物研究與管理。
[2] 劉超，朝陽市文物考古研究所中級館員，研究方向是文物考古。
[3] 姜洪軍：《遼寧北票市發現遼代楊從顯墓志》，《遼金歷史與考古》第八輯，北京：科學出版社，2017年，第318-323頁。
[4] 劉鳳翥：《十件遼代漢字墓志銘錄文》，《遼金歷史與考古》第十輯，北京：科學出版社，2019年，第10-12頁。

厘米、厚 10 厘米。志石長 63 厘米、寬 61.5 厘米、厚 8 厘米。志蓋共 30 列，滿行 29 字。《北顯》統計 833 字，實際共計 838 字。

（二）志文校對

多次校對志文，一方面是爲了學術的嚴謹性，另一方面也爲後續學者研究使用提供較爲可靠、準確的依據，有助於學術觀點的分析和論證。特別是人名的考證，對於研究族譜世系、人物關係以及史料核對等信息有着重要的作用。以下爲志考內容與《北顯》《十文》校對後的不同之處。若有比對不妥之處，望各位學者指正。

（1）"韓遂退"應爲"韓遂遷"。此處的"遷"與後文"次適衣物庫前都監王遷"的"遷"爲同一字，後文"遷"較爲清楚，可參考辨識。

（2）"號白楊佚"應爲"號曰楊侯"。

（3）"因命氏氏以厥初"應爲"因命氏以厥初"。

（4）"晨趨鳳闕，夜直龍庭"可能爲"晨趨一鳳闕，夜直龍庭"。"一"在拓片上爲深刻，但顯現一半，"龍"前有一空格，推測爲省略一個避諱之字。前後爲對仗句，字數應相同，所以此處應有"一"字。

（5）"下車而正理惟新"應爲"下車而正理推新"。

（6）"次適故東作使男韓迷田"應爲"次適故東作使男韓遂甫"。

（7）"適右承制男韓遂達"應爲"適右承制男韓遠達"。

楊公墓志志石　　　　　　　　楊公墓志志蓋

二、楊氏族源

《北顯》的志文中并未譯出"號曰楊侯"，所以對"楊侯"的族源也未考證，本段對其進行補充。"公諱從顯,其先弘農人也。莽自諸陽號曰楊侯",墓主人楊從顯的祖籍爲弘農楊氏,祖先爲"楊侯"。對於弘農楊氏的來源史料中有多種記載,北宋歐陽修的《新唐書》載"楊氏出自姬姓,周宣王子尚父封爲楊侯。一云晉武公子伯僑生文……遂居華陰。"[1]《新唐書》記載楊氏的族源有三個:第一個是周宣王的兒子尚父。第二個是突,是晉武公伯僑的孫子,文的兒子。突被封爲羊舌大夫,後被認爲是楊氏族源。第三個是肸、伯石。肸是突的孫子。突有子職,職有五子,其中一子爲肸。肸字叔向,是晉太傅,在平陽楊氏縣采食,其子爲伯石,以封地爲氏所以又被稱爲楊石。後因獲罪被晉所滅,羊舌氏一族逃至華山的華陰一帶。所以《新唐書》認爲弘農楊氏起源於姬姓,而且發源地在華陰附近。《通志略》載"(揚氏)或曰周景王之後。一云唐叔虞之後。至晉武公孫於齊生伯僑。歸周。天子封揚侯"[2]。即弘農楊氏起源於唐叔虞後代伯喬(僑)或是周景王之後。《漢書》載"(揚雄)其先出自有周伯僑者,以支庶初食采於晉之揚,因氏焉,不知伯僑周何別也。揚在河、汾之間,周衰而揚氏或稱侯,號曰揚侯"[3],認爲弘農楊氏起源於伯喬(僑)。

除史書外,還有大量弘農楊氏的碑志也對族源有所記載,如《太尉楊秉碑》《太尉楊賜碑》《楊珣碑》等都提及楊氏族源,且與楊從顯墓志記載相同,說明這些碑志的主人爲同一族源。

根據上述史料和碑志記載,弘農楊氏的族源人物基本存在一定的世系關係,楊侯爲世襲爵位,從叔虞開始,後世子孫都可能享有楊侯的爵位,所以楊氏族源最早可追溯到周武王之子叔虞。朝陽地區出土的楊濤、楊律、弘農楊氏等墓志中僅寫墓主人爲弘農人,未記錄其他關於族源的信息,所以楊公墓志的族源記載說明了朝陽弘農楊氏的來源。

三、楊公世系與家族

(一)楊氏世系

楊公的曾祖楊好殷,祖父楊重貴,父親楊繼贇,母親是清河郡張氏。墓主楊從顯,其妻爲原宗州刺史崔公之女。有一兒名楊松,兒媳張氏,育有五女。弟楊方,姐妹各兩人。

(二)墓主楊公

墓主楊從顯,是楊繼贇的嗣子。"以重熙二十年(1051)秋八月十六日終於

---

[1]《新唐書》卷七一下《宰相世系表》,北京:中華書局,1975年,第2346-2347頁。
[2]《通志略·氏族略第三》,上海:上海古籍出版社,1990年,第37頁。
[3]《漢書》卷八七《揚雄傳》,長沙:嶽麓書社,2008年,第1313-1321頁。

白川州西故先上楊太保寨之私第，春秋六十有九"，可推知其生於 982 年。"以其年（1051）冬十月二十二日窆葬附先塋之禮也"，由此可知現在的北票南八家白川州遺址附近應爲楊氏家族墓地。

（三）家族關係

墓志中記載了大量的墓主人家族人物、聯姻關係，現梳理如下[①]：

楊公家族關係表

與楊公關係	姓名	聯姻姓氏	對應男性官職	相應官階等級	備注
曾祖	楊好殷		長寧軍節度使	從二品	
祖父	楊重貴		西頭供奉官	從八品	
父	楊繼贇	清河郡張氏	始平軍節度副使	從三品	
墓主人	楊從顯	崔公之女	三班奉職	從九品	崔公——宗州故刺史（四品－五品）
弟	楊方		顯州刺史	四品－五品	
大姐		韓德珪			早亡
二姐		韓遂甫	東作使	六品	早亡
大妹		權門	鄉貢進士		
二妹		張修達	東頭供奉官、東京前曲院都監	從八品	
子	張松	張氏	中京銀器都監	八品－九品	
大孫女		韓遠達	右承制	正八品	
二孫女		張可度	沈州馬步軍都指揮使	正五品	
三孫女		李備	紫濛館前都監	八品－九品	
四孫女		王遷	衣物庫前都監	八品－九品	
五孫女					
侄女					
外孫子	韓老長、安女、金哥				

四、楊公家族成員的官職

《北顯》將楊公家族成員的官職按照地域和職官兩類分別介紹，對紫濛館、中

---

① 爲便於下文楊公家族成員官職的梳理，將對應男性官職與相應官階等級一并列入表中。

京銀器都監的研究較爲詳細，但對某些官職并未提及。由於《遼史》對遼代的官吏制度記載的較爲簡單，疏漏較多，很多官職未被記載，需要借助《宋史》等其他史書還原遼代的官職等級制度，所以下文在考釋墓志中的官職時與《北顯》略有出入，同時也對其未考釋的官職進行補充。

（一）高階官職

1. 節度使

曾祖楊好殷，任長寧軍節度使。節度使的官職在漢唐時期就已設置，遼代在所轄範圍內基本沿襲唐制，在各郡縣"冠以節度，承以觀察、防禦、團練等使，……唯節度使朝廷命之，後往往皆歸王府"。①節度使主管所轄軍州的觀察、防禦、團練等，相當於從二品。長寧軍屬於中京道川州，"川州，治今遼寧朝陽市東北"②。楊公逝於1051年，享年69歲，按照《禮記·曲禮》"大夫七十而百致事"③推測，其曾祖的任職時間應早於1020年。《遼代川州長寧軍節度使探究》④依據史書和石刻資料，統計出27位從995年至1125年的川州長寧軍節度使。其中1020年以前的有5人，并沒有楊姓，所以此墓志的記載對現有遼川州節度使研究和史料起到了補充作用。楊從顯的父親楊繼贇任始平軍節度副使。始平軍屬於東京道遼州，"今瀕遼河西岸之遼濱塔（今新民縣境）"⑤。

2. 刺　史

楊公嶽父崔公爲宗州刺史，楊公弟楊方，任顯州刺史。唐太宗時期契丹國就設有刺史一職，到玄宗時刺史有了官爵。在遼代"節度、觀察、防禦、團練、刺史，咸在方州，如唐制也"⑥。遼襲唐制設立刺史，其監察的職能不僅涉及地方行政，而且涉及到地方軍事，相當於四品或五品官員。"宗州，下，刺史。在遼東石熊山，耶律隆運以所俘漢民置"⑦。宗州屬東京道，即現在的瀋陽法庫一帶。顯州屬於東京道，《遼史》載"顯州，奉先軍，上，節度。本渤海顯德府地。世宗置，以奉顯陵"⑧。顯州應位於現在的醫巫閭山一帶，因遼東丹人皇王耶律倍喜愛醫巫閭山的秀美山川，死後便葬於此，即爲顯陵，顯州也因此而得名。根據《遼史地理志彙釋》⑨的集釋認爲《遼史》中此段記載有誤。遼代顯州與渤海顯德府不是同

---

① 《遼史》卷一七下《百官志四》，北京：中華書局，2008年，第812頁。
② 張修桂，賴青壽：《遼史地理志彙釋》，安徽：安徽教育出版社，2001年，第155頁。
③ 《禮記》卷一《曲禮上》，上海：上海古籍出版社，1987年，第3頁。
④ 陳天宇：《遼代川州長寧軍節度使探究》，《遼寧工程技術大學學報》（社會科學版），2015年第1期。
⑤ 金毓黻：《東北通史》，吉林：社會科學戰綫雜志社，1981年，第315頁。
⑥ 《遼史》卷七上《百官志三》，北京：中華書局，2008年，第771-772頁。
⑦ 《遼史》卷八《地理志二》，北京：中華書局，2008年，第771-772頁。
⑧ 《遼史》卷八《地理志二》，第463頁。
⑨ 張修桂，賴青壽：《遼史地理志彙釋》，第98-99頁。

一地，渤海顯德府應爲吉林南境，遼代顯州應爲遼寧北鎮醫巫閭山一帶。所以推測楊方應在遼寧北鎮一帶任顯州刺史。

3. 馬步軍都指揮使

楊公二孫女婿張可度爲沈州馬步軍都指揮使，此官職爲遼朝南面軍官[①]，分設於各州，統領馬步軍，相當於正五品。在《遼史》中有記載，所以《北顯》中"《遼史》及諸石記得文字均不見此職"有誤。

（二）低階官職

1. 武臣敘遷的低階官職

楊公祖父楊重貴任西頭供奉官，楊公在開泰三年（1014）任三班奉職，小妹夫張修達任東頭供奉官，大孫女婿任右承制，二姐夫韓遂甫任東作使。《宋史》載"武臣三班借職至節度使敘遷之制：三班借職、三班奉職、右班殿直、左班殿直、右侍禁、左侍禁、西頭供奉官、東頭供奉官、內殿崇班、內殿承制、供備庫使、禮賓副使……"[②]。根據《宋史》對武臣敘遷制度的記載，可見上述幾人皆爲武臣敘遷的低階官員，其中墓主楊公的官職最小。

三班奉職：分東、西、橫三班。《宋史·太宗紀二》："（淳化二年 991 年）乙酉，置內殿崇班、左右侍禁，改殿前承旨爲三班奉職"[③]。宋神宗時期，將此官職制定爲從九品。雖然在《遼史》中并未找到關於三班奉職的記載，但是根據《宋史》可以推知其爲低級武臣官階。根據楊公墓志記載"晨趨一鳳闕，夜直龍庭"可見，在遼代此官應爲在宮中侍奉皇帝左右的官職，所以也促成了楊公"懷機略而有聞，蘊忠勤而無怠。本望從微，至著克精"的性格。

東西頭供奉官：《夢溪筆談》載"東西頭供奉，本唐從官之名，自永徽以後，人主多居大明宮，別置從官，謂之東頭供奉官。西內具員不廢，則謂之西頭供奉官"[④]。東頭供奉官在徽宗政和二年（1112）改爲從義郎，從八品。西頭供奉官在真宗咸平元年（998）定爲同八品。由此可以推測，東西頭供奉官應爲保護皇宮內殿的武官。

右承制：《神宗皇帝即位使遼語錄》載"（六月）二十二日，發頓城館。至腰館，有右承制魯溥賜臣等酒果，左承制韓君卿賜筵，翰林學士、給事中王觀伴宴，酒九盞"[⑤]。由此可見，右承制屬殿內承制，應是在皇帝身邊充任使臣接待的官職，相當於正八品。

[①]《遼史》卷一七下《百官志四》，第 813 頁。
[②]《宋史》卷一六九《職官志九》，上海：中華書局，1977 年，第 4029-4032 頁。
[③]《宋史》卷一《太宗紀二》，上海：中華書局，1977 年，第 86 頁。
[④]〔宋〕沈括：《夢溪筆談·故事一》，上海：上海書店出版社，2009 年，第 2 頁。
[⑤]〔宋〕陳襄撰：《神宗皇帝即位使遼語錄》，《中華野史》編委會編《中華野史·遼夏金元卷》，濟南：泰山出版社，2000 年，第 16 頁。

東作使：在《遼史·百官志》和《宋史·職官志》中并没有記載。《北顯》認爲"東作使疑爲遼代兵器與其他手工業製品的監造及管理類官職之一"。但是《中國歷代官制大辭典》中有一條對"八作使"的解釋可參考："宋初置，屬東班諸司使。太宗太平興國二年（977），分爲東、西八作使。通常不領本職，僅爲武臣遷轉之階。真宗咸平元年（998）定爲同六品，神宗元豐（1078—1085）改制改爲正七品。徽宗政和二年（1112）重定武臣階官，廢。"①可以推測東作使應屬於八作使之一，沒有具體負責事項，不應是手工業製品的監造及管理類官職。

2. 都　監

楊公兒子楊松任中京銀器都監，小妹夫兼任東京前曲院都監，三孫女婿任紫濛館前都監，四孫女婿任衣物庫前都監。都監爲正八品或九品，爲遼代大惕隱司協助惕隱、知惕隱管理皇族具體事務的官員。《遼史》載："大惕隱司，太祖置，掌皇族之政教。"②耶律義在建國一始就設置了大惕隱司，其主要功能是監督和管理皇家貴族的日常用度，目的是使皇家貴族養成節約戒奢的習慣，上行下效，從而形成良好的國風，所以此官的人選必須首選宗姓。《北顯》中認爲"東京前麴院都監，疑爲遼代財經系統職官之一"。由於"麴"字模糊不清，經辨識應爲"麯"即"曲"字。曲院都監主管造曲釀酒、供內或與市出售等與酒相關的事務，如此即符合記載。

在遼代漢臣人數衆多，作用重要，但元人修史很少爲漢臣立傳，更不爲之修表。③楊公墓志中涉及漢族人數較多且官階高低不等，可以彌補史書在此方面的缺失，還原遼代官階制度、人員任用體系，同時也爲已有的《遼漢臣世系表》《補遼漢臣世系表》《遼代川州長寧軍節度使探究》等學術研究增添新的實物資料。

五、白川州更名時間的限定和推測

北票出土了多件能够證明史書記載"白川州"更名爲"川州"時間有誤的文物，但是對白川州更名的說法，學術界存在諸多觀點。楊公墓志中"終於白川州西故先上楊太保塞之私第"也提到了白川州。下面結合朝陽地區出土的有關"白川州"和"川州"記載的文物對其更名時間進行限定和推測。

《佛頂尊勝陀羅尼石幢記》刻於遼聖宗開泰二年（1013），載有"白川州咸康縣令"④，李紹俞墓志刻於遼聖宗太平六年（1026），載有"葬於白川州東北中水鄉山陽里"⑤。韓楀墓志刻於重熙六年（1037），載有"授乾、顯、宜、錦、建、

---

① 呂宗力：《中國歷代官制大辭典》北京：北京出版社，1994年，第9頁。
② 《遼史》卷一五《百官志一》，北京：中華書局，2008年，第694-695頁。
③ 向南：《補遼漢臣世系表》，《遼金歷史與考古（第三輯）》，2011年，第95-108頁。
④ 陳述輯校：《全遼文·卷六》，《佛頂尊勝陀羅尼石幢記》，北京：中華書局，1982年，第115頁。
⑤ 姜洪軍：《遼寧北票市發現遼代李紹俞墓志》，《遼金歷史與考古》第五輯，瀋陽：遼寧教育出版社，2014年，第279頁。

霸、白川七州都巡檢……太平五年……授長寧軍節度白川州管内觀察處置"①。韓橁去世的時間在授七州都巡檢，出使沙洲之後，墓志中并没有記載具體的時間。太平五年（1025）韓橁出使高句麗，後授長寧軍節度白川州管内觀察處置，由此可知直至 1025 年前後白川州也未更名。《遼史地理志彙釋》根據韓橁墓志等的記載推測："但證之以史書、碑刻文字，白川州省稱爲川州，當在聖宗開泰（1012—1021）、太平年間（1022—1031）。"②楊從顯去世時間爲重熙二十年（1051），是目前發現遼代最晚的有"白川州"記載的出土文物，比《遼史地理志彙釋》推測更名時間晚 20 年，也就是説在 1051 年之前白川州仍未更名。張雄墓志刻於金正隆元年（1156），載有"葬於祖塋川州城西福德山寶昌寺之南"③。根據楊公墓志和張雄墓志可以將白川州更名爲川州的時間限定在 1051—1156 年間。

金代王寂《遼東行部志》載"宜民舊號川州，長寧軍節度使；或謂白川州，故至今地名白川。本朝（金）天會年間，改川州刺史。其後，遭契丹之亂，殘滅幾盡，由是復降爲縣"④。天會年間爲 1123—1127 年，符合目前出土文物對白川州更名時間的限定。同時記載的更名原因爲"契丹之亂"，《遼史》載"川州，長寧軍，中，節度。本唐青山州地。太祖弟明王安端置。會同三年，詔爲白川州。安端子察割以大逆誅，没入，省曰川州"⑤。察割之亂爲 951 年。由此推測可能是修史之人將"契丹之亂"與"察割之亂"混淆，導致記載白川州更名時間有誤。結合上述推論，《遼東行部志》記載的白川州更名時間與原因應是準確的。

六、墓志中反映的楊公思想

東漢時期以楊惲、楊譚和楊寶爲代表的弘農楊氏就開始習儒傳經，到"四知先生"楊震則將"累世以經學相傳"⑥，謂之"關西孔子楊伯起"。在此之後歷代均有尚儒之士，"尊孔尚儒"成爲一種族風。楊公墓志不僅在使用詞語中多次提及儒家，如"肇因於孔氏""若賢若聖""弟習儒業"等，而且還多處體現出儒家思想，如"虔遵姆訓"體現了婦德中對未出閣女性的訓誡，"訖姻皆適於侯門，從壻并居於公室"體現了門當户對的思想。墓志中除對"姪一人□"的女性名字進行記録以外，其餘女性的姓名均省略，體現了男尊女卑的思想，也可由此推測此女性應有一定的社會地位或族中威望。楊公除了受儒家思想影響外，還"敬崇釋氏"信仰佛教，從而也體現了遼代崇尚儒釋合一的思想體系。

---

① 王晶辰：《遼寧碑志》，瀋陽：遼寧人民出版社，2002 年，第 330 頁。
② 張修桂，賴青壽：《遼史地理志彙釋》，合肥：安徽教育出版社，2001 年，第 155 頁。
③ 王晶辰：《遼寧碑志》，瀋陽：遼寧人民出版社，2002 年，第 352 頁。
④〔金〕王寂著，張博泉注釋：《遼東行部志》，哈爾濱：黑龍江人民出版社，1984 年，第 25-26 頁。
⑤《遼史》卷九《地理志三》，北京：中華書局，2008 年，第 488 頁。
⑥ 孫大英：《漢晉時期弘農楊氏研究》，四川大學碩士學位論文，2002 年，第 4，26 頁。

七、對弘農楊氏族譜的補充

　　弘農楊氏經過幾千年的發展，歷代人才輩出，龐大的家族世系中有很多人通過著書立説、碑志、族譜等方式尋宗溯源。但是筆者查閱了大量關於弘農楊氏的相關資料，大多將宋元時期歸爲一個時間段列舉名人軼事，但是基本没有提及遼代弘農楊氏的人物。楊公墓志中記載了大量遼代弘農楊氏的後代及姻親關係人物，不僅豐富了弘農楊氏的家族發展考古實物資料，同時也補充了弘農楊氏及其家族在遼代的發展情況。

八、總　結

　　綜上所述，楊公墓志志文雖然文彩華美，但是對楊公本人一生的事蹟記録甚少，絶大多數都是在彰顯家族人員的官位以及聯姻情況，但是這不僅補充了遼史對漢人官員記載的不足，也填補了遼史對遼代官職設置記載的缺失，還原了遼代官職體系。同時對白川州更名的史誤不僅有文物實證作用，而且還縮小了更名時間的限定範圍。另外補充了弘農楊氏在遼代的家族發展史，具有一定的歷史研究價值。

03 會議綜述

簡牘學與出土文獻研究迎來新階段
——首屆簡牘學與出土文獻語言文字研究學術研討會會議紀要

洪　帥[①]

　　2021 年 8 月 7 日—8 日，首屆簡牘學與出土文獻語言文字研究學術研討會召開。會議由中國社會科學院語言研究所歷史語言學研究一室、中國人民大學吳玉章中國語言文字研究所、人大復印報刊資料《語言文字學》編輯部、甘肅簡牘博物館和西北師範大學文學院共同舉辦，西北師範大學文學院承辦。因受全國新冠肺炎疫情的影響，本次會議采用綫上與綫下相結合的形式進行，主會場設在甘肅蘭州西北師範大學。

　　這是全國第一個以"簡牘學與出土文獻語言文字研究"爲主題的會議。本次會議共收到論文近 70 篇，會議成立了以清華大學趙平安教授爲組長的專家組對論文進行評審。最終，來自中國社會科學院、清華大學、中國人民大學、吉林大學、中山大學、浙江大學、武漢大學、蘭州大學、西南大學、河南大學、西南民族大學、北京語言大學、陝西師範大學、湖南師範大學、西北師範大學、敦煌研究院、甘肅省文物考古研究所、甘肅簡牘博物館等 36 所高校與科研機構的 47 位學者報告了論文，來自全國高校和科研機構的四百餘名師生在綫旁聽了會議。

　　會議開幕式由西北師範大學文學院周玉秀教授主持，西北師範大學副校長韓高年教授、中國社會科學院語言研究所所長張伯江教授、甘肅簡牘博物館朱建軍館長、中國人民大學吳玉章中國語言文字研究所所長王貴元教授、西北師範大學文學院院長馬世年教授分別代表主辦方致辭。韓高年代表西北師範大學對與會代表表示歡迎，希望把"簡牘學與出土文獻語言文字研究學術研討會"繼續辦下去，爭取辦成系列會議、品牌會議。張伯江從學科建設的高度對本次會議的意義給予了很高的評價，指出要通過會議促進漢語言文字學、簡牘學的學科建設。朱建軍指出了當前簡牘學面臨的困境，提出簡牘整理需加快、簡牘研究要與科技結合、需要多學科參與，以及加快簡牘人才培養等亟須解決的問題。王貴元提出對

[①] 洪帥：西北師範大學文學院副教授，碩士生導師。主要從事漢語詞彙史的教學和科研工作。

簡牘語言文字研究的三點要求：一要材料先行，而不要理論先行；二是既要遵守優秀的傳統經驗，也不要被傳統的框架所束縛；三是創新和使用新的見解要慎重。馬世年指出在"新文科"背景下，簡牘學與出土文獻語言文字研究的重要價值，表達了對會議的支援，希望西北師範大學利用得天獨厚的條件，建設成簡牘研究、特別是西北漢簡研究的重鎮。

會議期間，甘肅簡牘博物館張德芳研究員、西南民族大學王啓濤教授、中國人民大學王貴元教授、中國社會科學院語言研究所王志平研究員、湖南師範大學唐賢清教授、西南大學張顯成教授、清華大學趙平安教授、敦煌研究院楊富學研究員、北京語言大學魏德勝教授、陝西師範大學黑維強教授、西北師範大學田河教授分別作了《西北漢晉簡牘的出土、整理與出版》《從秦漢簡牘到吐魯番文獻——以"運"字爲例》《從出土文獻看秦統一後的用字規範》《"思誠"新詁》《漢語語法研究的民族語言視角》《西北屯戍漢簡所見"賒賣""賒買"研究》《談談戰國簡帛整理中隸定的標準問題》《"敦煌"名出原始突厥語考辨》《從屯戍簡牘看"印""章"的印章義相關引申義》《蒙古語影響元明契約文書一例分析》《武威儀禮簡甲本〈服傳〉"贊楄柱麋"解》的大會報告。

本次會議主要圍繞簡牘語言文字、甲骨金文語言文字、敦煌學語言文字研究展開，其中以簡牘語言文字研究的論文最多，共26篇，占全部論文的55%，這也體現了本次會議"簡牘學"的鮮明特點。從研究方法上來說，本次會議的特點是利用出土文獻和傳世文獻相結合來研究語言文字，尤其注重出土文獻特別是秦漢簡牘的利用，以此來解決歷史上語言文字的一些疑難問題。比如王志平利用新出土楚簡文獻，對《孟子》中"思誠"提出新解，認爲"思"應讀爲"使"，"思誠"即"使（之）誠"。"收""牧""放"三字在傳世古書中的訛混普遍，白軍鵬利用出土簡牘、碑刻及六朝隋唐寫本等材料，考察了三字混同的歷史，并揭示其對古籍校勘的價值。陶曲勇根據出土文獻，對"引"和"肅"的結構提出了新的看法，認爲二者都應該分析爲形聲字。史大豐、梁利棟利用新出土的安徽大學藏戰國竹簡校正了傳世本《詩經》。

從研究內容上來看，本次會議既有對語言文字本體的研究，對簡牘整理的研究，也有對相關文化現象的考察，還有對語言研究宏觀的思考等。

第一，本次會議的重點是對語言文字本體的研究，如張顯成考釋了西北屯戍漢簡中"賒賣""賒買"問題。龍國富對戰國楚簡中的"印（抑）"、范長喜對《居延新簡》簽牌"鼓枎各一"、田河對武威儀禮簡甲本《服傳》中"贊楄柱麋"提出了新解。連佳鵬、黃錦前、劉揚分別對甲骨文"瘵"字、班簋"秉緐、蜀、巢"和遼陽博物館藏戰國銅鼎刻銘中的"枂"提出了新的釋讀意見。任荷和蔣文認爲清華簡《四告》及金文中的及物謂詞"宜"應爲"適合……、與……相配"義。

楊富學對"敦煌"一詞的來源、楊小平對敦煌變文的疑難詞語考釋都提出了新的見解。張生漢認爲出土本《倉頡篇》中的"肥突突"之"突"乃"腯"之同音借字，并考察了俗語中"肥突突"方言變體。劉玥通過跨文獻綜合的方法，對長沙五一廣場地區出土東漢三國簡牘中的"處"和"創"的詞義做了考辨。熊加全對明清大型字書疑難字做了考釋。張翔利用日本古漢字書《新撰字鏡》對一些古漢語字詞做了考釋。除了詞彙考釋以外，本次會議還注重利用出土文獻進行語法研究，如敏春芳利用敦煌變文詳細分析了助詞"得"的歷時演變，李小軍對"行"時間用法的來源及形成提出新的思考。

第二，是利用簡牘文獻考察相關文化現象，如有的學者通過秦漢簡牘考察秦代"書同文"和漢字簡化對漢字史、詞彙史的影響。王貴元通過對出土秦簡牘用字的對比考察，發現秦代書同文内容豐富複雜，對漢語詞彙發展史和漢字發展史的研究具有重要價值。李潔瓊通過"書同文"前後秦代出土文獻的字形、字用對比，發現了更多的"書同文"規定。雷黎明考察了馬圈灣漢簡文字簡化變異的複雜現象，并且探討了其根本動因。李世持考察了漢簡姓氏演變的文字問題，李建平以秦漢簡帛爲材料考察了當時的粟稻制度，高啓安利用出土文獻考察了漢代河西的汲水柳斗及漢代守邊將士所用的汲水用具，陳甯利用西北漢簡考察了"心腹疾"與相關的醫學問題。

第三，是關於簡牘文獻的整理，張德芳彙報了西北漢晉簡牘的出土整理與出版問題，姚磊分享了西北漢簡綴合的價值、困境與展望。肖從禮對《懸泉漢簡（壹）》七條簡文中的部分釋文重新加以考釋，并對有關字的用法做了辨析。洪帥考釋了《懸泉漢簡（壹）》中"盡"和"殺人賊"的詞義，并從干支補缺、乘法口訣補缺、年號補缺及根據上下文補缺五個方面對《懸泉漢簡（壹）》中的釋文做了校補。高天霞對敦煌寫本 P.3715"類書草稿"的校錄、張俊民對土垠遺址出土的簡牘釋文也提出了新的看法。

第四，根據出土文獻考察古書的流傳問題，如嵇華燁和方一新根據敦煌寫本考察了現存《普曜經》的翻譯及流傳，譚競男根據張家山漢簡《算數書》、嶽麓書院藏秦簡《數》、睡虎地漢簡《算術》、北京大學藏秦簡《算書》與《田書》研究了先秦至漢代算術書的成書與流傳，張民權對近年出土的北宋刊本《禮部韻略》做了整理并探討了相關問題。

第五，對語言研究方法論的宏觀思考。唐賢清提出漢語語法研究中的民族語視角，指出漢語語法研究結合民族語有助於漢語共時語法現象的發現和解釋，有助於漢語歷時語法演變規律的揭示，還有助於我國語言學理論與方法的提升，指出爲加強漢語語法研究結合民族語的有效性，漢語語法研究者應着力培養民族語的感性認識，民族語語法研究者應致力於民族語語法的精細描寫與語料庫建設。趙平安指出戰國簡帛整理的主要目的是釋讀，據此，他提出隸定的標準和應注意的問題。王啓濤主張打通敦煌吐魯番學和簡牘學的界限，論述了秦漢簡牘到吐魯番文獻一脈相承的關係，提出研究吐魯番學要有秦漢簡牘學的基礎。這對今後的出土文獻語言文字研究具有重要的指導意義。

本次會議還關注了石刻、墓志和契約文書等出土文獻，如單育辰、劉超、馬文濤對石刻、墓志語言，黑維强對元明契約文書中的語言文字現象做了深入考察。

本屆會議努力打造簡牘學與語言學相結合、出土文獻與傳世文獻相結合，以及漢語與民族語相結合的研究方法，打破以往語言研究中不同研究領域的壁壘，提倡跨學科、跨語言、跨領域的研究方法。會議論文既有宏觀的理論探索，也有微觀的語言現象考察，既有語料的鑒別與校訂，也有方法的創新與改進，既有現象的描寫，也有原因的探析。

閉幕式由會議發起人西北師範大學文學院洪帥副教授主持，會議代表河西學院高天霞教授、山東師範大學李建平教授分別對 8 月 7 日下午和 8 日上午的報告做小組總結，西南大學張顯成教授做了大會主題報告總結，他對會議的 13 篇大會報告逐一做了點評，贊賞了本次會議所體現出的新方法、新方向、新特點。中國社會科學院語言研究所歷史語言學研究一室主任趙長才研究員對大會做了總結，他高度贊揚了本次會議所取得的成績，稱此次學術研討會是一次集中檢閱學術隊伍和學術研究成果的盛會。他指出順應時代發展需求，作爲基礎學科的簡牘學與出土文獻語言文字研究大有作爲。趙長才研究員最後提出了對"簡牘學與出土文獻語言文字研討會"的未來設想，提出進一步加強合作，整合學術力量、搭建好學術平臺，吸引更多的年輕學者參與到簡牘學與出土文獻語言文字研究的學科發展中來。

最後，洪帥副教授代表主辦方説明了會議籌辦情況，并致閉幕辭，宣布會議閉幕。他感謝各位代表共襄盛會，分享最新研究成果。希望在各位專家的共同努力下，"簡牘學與出土文獻語言文字研究學術研討會"能夠繼續辦下去，同時邀請與會專家繼續參加第二屆會議，希望把簡牘語言文字研究在深度和廣度上不斷推向前進。

首屆簡牘學與出土文獻語言文字研究學術研討會受到了媒體和學界的廣泛關

注,2021 年 8 月 9 日,《中國社會科學報》以《出土文獻研究展現新氣象》在頭版顯著位置報道了本次會議。2021 年 8 月 13 日,《光明日報》客户端也以《首届簡牘學與出土文獻語言文字研究學術研討會召開》爲題報道了本次會議。2021 年 9 月,《中國語文》2021 年第 5 期以《首届簡牘學與出土文獻語言文字研究學術研討會在蘭州舉行》對本次會議做了報道。

  本次會議議程緊凑,組織有序,討論熱烈,學術氛圍濃厚,促進了簡牘學與出土文獻語言文字研究。第二届簡牘學與出土文獻語言文字研究學術研討會將於兩年後在蘭州召開。